《中国高技术产业统计年鉴 2023》
编辑委员会、编辑部

CHINA STATISTICAL YEARBOOK ON HIGH TECHNOLOGY INDUSTRY 2023

Editorial Board and Editorial Staff

Editorial Board

Editorial Staff

2023
中国高技术产业统计年鉴

CHINA STATISTICAL YEARBOOK ON HIGH TECHNOLOGY INDUSTRY

国家统计局社会科技和文化产业统计司　编

Compiled by

Department of Social,Science and Technology,and Cultural Statistics National Bureau of Statistics

图书在版编目（CIP）数据

中国高技术产业统计年鉴. 2023 = China Statistics Yearbook on High Technology Industry 2023：汉英对照 / 国家统计局社会科技和文化产业统计司编. -- 北京 : 中国统计出版社, 2023.12
ISBN 978-7-5230-0304-6

Ⅰ. ①中… Ⅱ. ①国… Ⅲ. ①高技术产业－统计资料－中国－2023－年鉴－汉、英 Ⅳ. ①F279.244.4-54

中国国家版本馆 CIP 数据核字(2023)第 202317 号

中国高技术产业统计年鉴 2023

作　　者/国家统计局社会科技和文化产业统计司
责任编辑/李　冲
执行编辑/张　怡
封面设计/李雪燕
出版发行/中国统计出版社有限公司
通信地址/北京市丰台区西三环南路甲 6 号　邮政编码/100073
发行电话/邮购（010）63376909　书店（010）68783171
网　　址/ http://www.zgtjcbs.com/
印　　刷/鑫艺佳利(天津)印刷有限公司
经　　销/新华书店
开　　本/880mm×1230mm　1/16
字　　数/330 千字
印　　张/10.5
版　　别/2023 年 12 月第 1 版
版　　次/2023 年 12 月第 1 次印刷
定　　价/280.00 元

编辑说明

为反映我国高技术产业发展状况和国际竞争能力，满足国家宏观管理部门制订调整产业政策和产业发展规划的需要，我们根据国家统计局 2017 年颁布的《高技术产业（制造业）分类（2017）》，加工整理了这本高技术产业发展状况的统计资料书。

本书收集了 2022 年我国高技术产业生产经营、研发及相关活动等资料以及相关的国际比较数据，较为全面地描述了我国高技术产业发展的基本状况，是有关管理部门和社会各界了解我国高技术产业发展情况的主要资料工具书。

本书共分四个部分。第一部分主要反映高技术产业企业的生产经营情况。第二部分主要反映高技术产业企业的研发活动、新产品开发和销售、专利、技术获取和改造、企业办研发机构等情况。第三部分为国际比较资料，根据世界银行等国际组织公布的高技术产业统计资料整理。第四部分为附录，包括高技术产业（制造业）分类（2017）、对照修订说明和主要统计指标解释。

本年鉴所涉及的全国性统计数据均未包括香港、澳门特别行政区和台湾省数据。本书中的“空格”表示该项统计指标数据不足本表最小单位数、数据不详或无该项数据；书中因小数取舍而产生的误差均未做配平处理。按地区分组东部地区包括：北京、天津、河北、上海、江苏、浙江、福建、山东、广东和海南；中部地区包括：山西、安徽、江西、河南、湖北和湖南；西部地区包括：内蒙古、广西、重庆、四川、贵州、云南、西藏、陕西、甘肃、青海、宁夏和新疆；东北地区包括：辽宁、吉林和黑龙江。

FOREWORD

In order to reflect the development status of China's high-tech industry and its international competitiveness, and meet the needs of the national macro management department to formulate and adjust industrial policies and industrial development plans, we have processed and sorted out this statistical yearbook on the development status of high-tech industry according to the High-tech Industry (Manufacturing Industry) Classification (2017) issued by the National Bureau of Statistics in 2017.

This yearbook collects data on production, operation, research and development and related activities of China's high-tech industry in 2022 as well as relevant international comparative data, and describes the basic situation of the development of China's high-tech industry in a more comprehensive way. It is the main yearbook for relevant management departments and all sectors of society to understand the development of China's high-tech industry.

The yearbook contains the following four parts. The first part mainly reflects the production and operation of high-tech industrial enterprises. The second part mainly reflects the research and development activities of high-tech industrial enterprises, new products development and sales, patents, technology acquisition and transformation, and enterprises run research and development institutions. The third part is the international comparative data, according to the World Bank and other international organizations published high-tech industry statistics collation. The fourth part is an appendix, which includes the classification of High-technology Industry (Manufacturing Industry) (2017), a comparative revision note and an explanation of key statistical indicators.

The national statistics included in this yearbook do not include the data of Hong Kong, Macao Special Administrative Region and Taiwan Province. The "blank space" in this yearbook means that the figure is not large enough to be measured with the smallest unit in the table or data are unknown or are not available; In the yearbook, the errors caused by the decimal choice have not been trimmed. The eastern region includes: Beijing, Tianjin, Hebei, Shanghai, Jiangsu, Zhejiang, Fujian, Shandong, Guangdong and Hainan; The central region includes: Shanxi, Anhui, Jiangxi, Henan, Hubei and Hunan; The western region includes: Inner Mongolia, Guangxi, Chongqing, Sichuan, Guizhou, Yunnan, Tibet, Shaanxi, Gansu, Qinghai, Ningxia and Xinjiang; Northeastern region includes Liaoning, Jilin and Heilongjiang.

目　录

Contents

第一部分　生产经营情况

Statistics on Production and Management

第二部分　R&D 及相关活动情况

Statistics on R&D and Related Activities

第三部分　国际比较情况
International Comparison

附　　录
Appendix

1

生产经营情况
Statistics on Production and Management

1-1-1　按行业分高技术产业生产经营情况(2022年)
Statistics on Production and Management in High-tech Industry by Industrial Sector(2022)

单位：个，人，亿元　　(unit,person,100 million yuan)

行　业	Industry	企业数 Number of Enterprises	平均用工人数 Annual Average Employees	营业收入 Revenue	利润总额 Profits
合计	**Total**	**50074**	**14872175**	**223404**	**15589**
医药制造业	**Manufacture of Medicines**	**9240**	**2093848**	**26384**	**4191**
#化学药品制造	Manufacture of Chemical Medicine	2679	868389	12187	1954
中成药生产	Manufacture of Finished Traditional Chinese Herbal Medicine	1613	447430	4673	750
生物药品制品制造	Manufacture of Biopharmaceutical Products	1077	265905	4126	839
电子及通信设备制造业	**Manufacture of Electronic Equipment and Communication Equipment**	**27405**	**9444892**	**149088**	**8401**
电子工业专用设备制造	Manufacture of Special Equipment for Electronic Industry	2065	338139	3396	339
光纤光缆及锂离子电池制造	Manufacture of Optical Fiber and Cable, and Lithium Ion Battery	1956	779070	17189	954
#锂离子电池制造	Manufacture of Lithium Ion Batteries	1579	709352	15645	848
#通信设备、雷达及配套设备制造	Manufacture of Communication Equipment, Radar and Matching Equipment	2487	1908063	42942	2105
#通信系统设备制造	Manufacture of Communication System Equipment	1240	465898	7880	514
通信终端设备制造	Manufacture of Communication Terminal Equipment	1111	1398426	34569	1576
雷达及配套设备制造	Manufacture of Radar and Related Equipment	136	43739	492	14
广播电视设备制造	Manufacture of Broadcasting and TV Equipment	653	169726	2017	88
非专业视听设备制造	Manufacture of Non-professional Audio-visual Equipment	1227	408846	6657	170
电子器件制造	Manufacture of Electronic Appliances	6069	2114791	29468	1199
#电子真空器件制造	Manufacture of Electronic Vacuum Appliances	546	110498	1048	75
半导体分立器件制造	Manufacture of Semiconductor Discreting Appliances	514	142908	1452	130
集成电路制造	Manufacture of Integrate Circuit	1268	454982	9881	653
光电子器件制造	Manufacture of Optoelectronic Devices	995	341061	3855	123
电子元件及电子专用材料制造	Manufacture of Electronic Components and Electronic Specialized Materials	9684	2789444	35752	2992
#电阻电容电感元件制造	Manufacture of Resistance, Capacitance and Inductance Componen	1341	363199	2753	234
电子电路制造	Manufacture of Electronic Circuit	1926	687139	6434	395
电子专用材料制造	Manufacture of Electronic Specialized Materials	2406	529388	16932	1707
智能消费设备制造	Manufacturing of Intelligent Consumption Equipment	1642	549697	7764	343
其他电子设备制造	Other Electronic Equipment	1622	387116	3904	211
计算机及办公设备制造业	**Manufacture of Computers and Office Equipments**	**3221**	**1384044**	**26861**	**812**
#计算机整机制造	Manufacture of Entired Computer	402	416366	16932	255
计算机零部件制造	Manufacture of Parts and Fixture for Computer	1081	485649	3685	207
计算机外围设备制造	Manufacture of Computer Peripheral Equipment	870	254818	3285	165
办公设备制造	Manufacture of Office Equipment	290	90882	912	47
医疗仪器设备及仪器仪表制造业	**Manufacture of Medical Equipments and Meters**	**9219**	**1466831**	**14594**	**1878**
#医疗仪器设备及器械制造	Manufacture of Medical Equipment and Appliances	3028	555960	4997	855
#医疗诊断、监护及治疗设备制造	Manufacture of Medical Diagnosis, Monitoring and Treatment Equipment	930	190278	2287	459
医疗、外科及兽医用器械制造	Manufacture of Medical, Surgical and Veterinary Instruments	751	157864	1163	169
通用仪器仪表制造	Manufacture of General Instruments	4180	575453	6687	740
专用仪器仪表制造	Manufacture of Special Instruments	1190	177661	1601	151
信息化学品制造业	**Manufacture of Electronic Chemicals**	**170**	**27285**	**624**	**46**

注：本表数据口径为年主营业务收入2000万元及以上的工业企业法人单位。下表同。

Note: Data in this table cover the industrial enterprises with revenue from principal business of over 20 million RMB. The same applies to the following tables.

1-2-1 各地区高技术产业生产经营情况(2022年)
Statistics on Production and Management in High-tech Industry by Region (2022)

单位：个，人，亿元 (unit,person,100 million yuan)

地　区	Region	企业数 Number of Enterprises	平均用工人数 Annual Average Employees	营业收入 Revenue	利润总额 Profits
全　国	**Total**	**50074**	**14872175**	**223404**	**15589**
东部地区	Eastern Region	33277	10000269	148953	10819
中部地区	Middle Region	10191	2701570	37386	1927
西部地区	Western Region	5437	1863630	33072	2296
东北地区	Northeastern Region	1169	306706	3993	547
北　京	Beijing	1019	296714	8141	787
天　津	Tianjin	598	181952	3477	255
河　北	Hebei	939	219495	2350	265
山　西	Shanxi	278	166010	1921	53
内蒙古	Inner Mongolia	131	44215	737	60
辽　宁	Liaoning	578	171868	2423	325
吉　林	Jilin	356	76687	850	177
黑龙江	Heilongjiang	235	58151	720	45
上　海	Shanghai	1385	461150	9176	609
江　苏	Jiangsu	7668	2391489	35747	2585
浙　江	Zhejiang	4624	1105865	15129	1469
安　徽	Anhui	2197	446635	6906	272
福　建	Fujian	1443	527104	9264	815
江　西	Jiangxi	2550	598171	8483	640
山　东	Shandong	2253	623980	9115	679
河　南	Henan	1533	579495	8466	294
湖　北	Hubei	1649	432232	6505	261
湖　南	Hunan	1984	479027	5105	406
广　东	Guangdong	13276	4171300	56285	3316
广　西	Guangxi	558	168564	1802	103
海　南	Hainan	72	21220	268	39
重　庆	Chongqing	915	391034	7476	427
四　川	Sichuan	1907	671304	11881	616
贵　州	Guizhou	407	105481	1515	110
云　南	Yunnan	318	89380	2295	266
西　藏	Tibet	18	2331	28	13
陕　西	Shaanxi	825	283493	4949	414
甘　肃	Gansu	170	36243	463	51
青　海	Qinghai	48	30222	967	140
宁　夏	Ningxia	60	24876	708	69
新　疆	Xinjiang	80	16487	251	25

1-2-2 按地区和企业规模分高技术产业生产经营情况(2022年)
Statistics on Production and Management in High-tech Industry by Region and Scale of Enterprises(2022)

单位：个，人，亿元 (unit,perosn,100 million yuan)

地区	Region	大型企业 Large-sized Enterprises			
		企业数 Number of Enterprises	平均用工人数 Annual Average Employees	营业收入 Revenue	利润总额 Profits
全国	**Total**	**2082**	**7256613**	**131521**	**8428**
东部地区	Eastern Region	1413	4869701	86129	6198
中部地区	Middle Region	327	1302571	21376	697
西部地区	Western Region	296	964575	21873	1298
东北地区	Northeastern Region	46	119766	2142	235
北京	Beijing	46	115720	4848	456
天津	Tianjin	34	88177	1881	129
河北	Hebei	25	91389	865	112
山西	Shanxi	17	126609	1597	38
内蒙古	Inner Mongolia	8	14606	307	14
辽宁	Liaoning	27	78039	1342	102
吉林	Jilin	11	20726	382	116
黑龙江	Heilongjiang	8	21001	418	18
上海	Shanghai	68	240581	5384	199
江苏	Jiangsu	358	1237760	20641	1416
浙江	Zhejiang	151	408603	6253	685
安徽	Anhui	59	166838	3630	76
福建	Fujian	80	274480	5773	533
江西	Jiangxi	93	245578	3867	264
山东	Shandong	100	287488	4788	285
河南	Henan	48	393985	7129	184
湖北	Hubei	66	181320	3330	-10
湖南	Hunan	44	188241	1824	145
广东	Guangdong	547	2119484	35642	2367
广西	Guangxi	25	58763	799	50
海南	Hainan	4	6019	54	15
重庆	Chongqing	63	221496	5769	273
四川	Sichuan	91	369098	7568	291
贵州	Guizhou	19	45947	729	50
云南	Yunnan	23	45374	1665	217
西藏	Tibet				
陕西	Shaanxi	46	154517	3421	220
甘肃	Gansu	4	13311	193	24
青海	Qinghai	8	22741	775	99
宁夏	Ningxia	5	11743	502	45
新疆	Xinjiang	4	6979	145	15

1-2-2 续表 continued

单位：个，人，亿元 (unit,perosn,100 million yuan)

地区	Region	中型企业 Medium-sized Enterprises 企业数 Number of Enterprises	平均用工人数 Annual Average Employees	营业收入 Revenue	利润总额 Profits
全国	**Total**	**6579**	**3626733**	**45943**	**4129**
东部地区	Eastern Region	4437	2474114	32071	2771
中部地区	Middle Region	1169	616459	7006	636
西部地区	Western Region	812	450209	5950	614
东北地区	Northeastern Region	161	85951	917	108
北京	Beijing	180	88368	1538	206
天津	Tianjin	82	45463	727	48
河北	Hebei	103	55196	687	88
山西	Shanxi	37	19901	151	11
内蒙古	Inner Mongolia	31	17356	284	40
辽宁	Liaoning	84	46590	576	70
吉林	Jilin	46	22331	215	26
黑龙江	Heilongjiang	31	17030	126	12
上海	Shanghai	213	108812	2230	228
江苏	Jiangsu	1024	558495	7803	658
浙江	Zhejiang	631	319576	4841	510
安徽	Anhui	227	118184	1498	97
福建	Fujian	212	129757	1768	187
江西	Jiangxi	298	164124	1892	183
山东	Shandong	290	156734	2248	276
河南	Henan	169	79600	618	67
湖北	Hubei	219	119026	1615	156
湖南	Hunan	219	115624	1232	122
广东	Guangdong	1687	1003760	10095	553
广西	Guangxi	83	59156	370	26
海南	Hainan	15	7953	132	18
重庆	Chongqing	169	93142	883	86
四川	Sichuan	287	148700	2539	198
贵州	Guizhou	57	33245	503	47
云南	Yunnan	28	15461	159	15
西藏	Tibet				
陕西	Shaanxi	112	60733	770	131
甘肃	Gansu	12	5295	81	2
青海	Qinghai	7	3874	162	38
宁夏	Ningxia	16	8844	162	21
新疆	Xinjiang	8	3553	24	4

1-2-3　按地区和登记注册类型分高技术产业生产经营情况(2022年)

Statistics on Production and Management in High-tech Industry by Region and Registration Status (2022)

单位：个，人，亿元　　(unit,person,100 million yuan)

地　区	Region	内资企业 Domestic Funded			
		企业数 Number of Enterprises	平均用工人数 Annual Average Employees	营业收入 Revenue	利润总额 Profits
全　国	**Total**	**42923**	**9812064**	**141365**	**10557**
东部地区	Eastern Region	27165	6050759	87977	6672
中部地区	Middle Region	9686	2077777	27291	1684
西部地区	Western Region	5035	1447995	23356	1874
东北地区	Northeastern Region	1037	235533	2741	327
北　京	Beijing	825	192355	3170	355
天　津	Tianjin	430	102604	1825	151
河　北	Hebei	889	173721	1871	159
山　西	Shanxi	271	95871	937	43
内蒙古	Inner Mongolia	123	36848	637	46
辽　宁	Liaoning	484	113217	1366	123
吉　林	Jilin	329	68466	681	157
黑龙江	Heilongjiang	224	53850	693	46
上　海	Shanghai	902	192563	3127	243
江　苏	Jiangsu	5924	1212738	17604	1349
浙　江	Zhejiang	4062	829312	9845	922
安　徽	Anhui	2069	373919	4952	249
福　建	Fujian	1144	345408	6278	603
江　西	Jiangxi	2402	522837	7510	593
山　东	Shandong	1922	443501	6484	418
河　南	Henan	1487	356475	4337	244
湖　北	Hubei	1536	365359	4973	181
湖　南	Hunan	1921	363316	4582	374
广　东	Guangdong	11006	2540082	37551	2441
广　西	Guangxi	489	121407	1161	74
海　南	Hainan	61	18475	221	32
重　庆	Chongqing	809	266427	4204	366
四　川	Sichuan	1780	476724	7468	448
贵　州	Guizhou	390	101731	1475	109
云　南	Yunnan	304	82843	2172	247
西　藏	Tibet	18	2331	28	13
陕　西	Shaanxi	774	256992	4020	328
甘　肃	Gansu	169	36093	462	51
青　海	Qinghai	47	28965	913	107
宁　夏	Ningxia	56	23458	664	61
新　疆	Xinjiang	76	14176	151	22

1-2-3 续表 1 continued

单位：个，人，亿元 (unit,person,100 million yuan)

地区	Region	港澳台投资企业 Enterprises with Funds from Hong Kong, Macau and Taiwan			
		企业数 Number of Enterprises	平均用工人数 Annual Average Employees	营业收入 Revenue	利润总额 Profits
全　国	**Total**	**3117**	**2595895**	**39417**	**2399**
东部地区	Eastern Region	2671	1884243	26570	2119
中部地区	Middle Region	248	491289	7918	139
西部地区	Western Region	160	210638	4803	106
东北地区	Northeastern Region	38	9725	126	35
北　京	Beijing	48	30851	3456	217
天　津	Tianjin	32	15653	300	17
河　北	Hebei	16	12014	160	48
山　西	Shanxi	3	63674	952	10
内蒙古	Inner Mongolia	5	6687	86	13
辽　宁	Liaoning	23	6616	97	35
吉　林	Jilin	10	1939	17	
黑龙江	Heilongjiang	5	1170	11	
上　海	Shanghai	136	110143	2671	145
江　苏	Jiangsu	589	483476	6224	579
浙　江	Zhejiang	201	111030	1700	231
安　徽	Anhui	61	36181	1519	7
福　建	Fujian	147	104520	1451	138
江　西	Jiangxi	79	43968	465	25
山　东	Shandong	91	58663	994	157
河　南	Henan	24	211741	4039	33
湖　北	Hubei	42	27163	501	36
湖　南	Hunan	39	108562	442	29
广　东	Guangdong	1407	956961	9596	583
广　西	Guangxi	46	23659	230	11
海　南	Hainan	4	932	19	4
重　庆	Chongqing	40	61090	1743	30
四　川	Sichuan	41	110295	2623	41
贵　州	Guizhou	6	1212	6	-1
云　南	Yunnan	8	3917	53	5
西　藏	Tibet				
陕　西	Shaanxi	11	3288	56	9
甘　肃	Gansu				
青　海	Qinghai				
宁　夏	Ningxia				
新　疆	Xinjiang				

1-2-3 续表 2 continued

单位：个，人，亿元 (unit,person,100 million yuan)

地 区	Region	外商投资企业 Foreign Funded Enterprises			
		企业数 Number of Enterprises	平均用工人数 Annual Average Employees	营业收入 Revenue	利润总额 Profits
全 国	**Total**	**4034**	**2464216**	**42622**	**2633**
东部地区	Eastern Region	3441	2065267	34406	2028
中部地区	Middle Region	257	132504	2176	104
西部地区	Western Region	242	204997	4913	316
东北地区	Northeastern Region	94	61448	1127	185
北 京	Beijing	146	73508	1515	216
天 津	Tianjin	136	63695	1353	88
河 北	Hebei	34	33760	319	57
山 西	Shanxi	4	6465	32	1
内蒙古	Inner Mongolia	3	680	14	1
辽 宁	Liaoning	71	52035	959	167
吉 林	Jilin	17	6282	152	19
黑龙江	Heilongjiang	6	3131	15	-1
上 海	Shanghai	347	158444	3379	222
江 苏	Jiangsu	1155	695275	11918	657
浙 江	Zhejiang	361	165523	3584	316
安 徽	Anhui	67	36535	435	16
福 建	Fujian	152	77176	1536	74
江 西	Jiangxi	69	31366	508	22
山 东	Shandong	240	121816	1637	104
河 南	Henan	22	11279	90	17
湖 北	Hubei	71	39710	1031	45
湖 南	Hunan	24	7149	81	3
广 东	Guangdong	863	674257	9138	292
广 西	Guangxi	23	23498	411	19
海 南	Hainan	7	1813	28	3
重 庆	Chongqing	66	63517	1530	31
四 川	Sichuan	86	84285	1790	128
贵 州	Guizhou	11	2538	33	2
云 南	Yunnan	6	2620	70	14
西 藏	Tibet				
陕 西	Shaanxi	40	23213	873	77
甘 肃	Gansu				
青 海	Qinghai				
宁 夏	Ningxia				
新 疆	Xinjiang	4	2311	100	4

1-2-4 按地区和行业分高技术产业生产经营情况(2022年)

Statistics on Production and Management in High-tech Industry by Region and Industrial Sector (2022)

单位：个，人，亿元 (unit,person,100 million yuan)

地区	Region	医药制造业 Medical and Pharmaceutical Products Manufacturing			
		企业数 Number of Enterprises	平均用工人数 Annual Average Employees	营业收入 Revenue	利润总额 Profits
全国	**Total**	**9240**	**2093848**	**26384**	**4191**
东部地区	Eastern Region	4135	1163122	16331	2791
中部地区	Middle Region	2776	456082	4721	562
西部地区	Western Region	1755	351984	3910	553
东北地区	Northeastern Region	574	122660	1423	285
北京	Beijing	263	93761	1711	262
天津	Tianjin	127	43679	706	83
河北	Hebei	386	99877	1153	177
山西	Shanxi	125	33634	280	14
内蒙古	Inner Mongolia	73	23651	223	23
辽宁	Liaoning	165	36864	600	94
吉林	Jilin	266	57246	610	157
黑龙江	Heilongjiang	143	28550	212	34
上海	Shanghai	252	66960	1184	206
江苏	Jiangsu	896	229403	3325	592
浙江	Zhejiang	607	174212	2431	464
安徽	Anhui	561	75754	839	73
福建	Fujian	231	47282	614	171
江西	Jiangxi	542	70244	933	113
山东	Shandong	676	218060	2768	416
河南	Henan	569	94158	686	80
湖北	Hubei	529	107554	1215	207
湖南	Hunan	450	74738	768	76
广东	Guangdong	628	171881	2194	385
广西	Guangxi	165	27100	194	43
海南	Hainan	69	18007	245	36
重庆	Chongqing	173	40800	568	77
四川	Sichuan	545	120227	1211	173
贵州	Guizhou	142	27184	235	22
云南	Yunnan	178	32018	388	69
西藏	Tibet	15	2195	27	13
陕西	Shaanxi	242	42303	713	76
甘肃	Gansu	127	15536	160	30
青海	Qinghai	26	3406	24	3
宁夏	Ningxia	28	7266	69	7
新疆	Xinjiang	41	10298	99	19

1-2-4　续表 1　continued

单位：个，人，亿元　　(unit,person,100 million yuan)

地　区	Region	电子及通信设备制造业 Manufacture of Electronic Equipment and Communication Equipment			
		企业数 Number of Enterprises	平均用工人数 Annual Average Employees	营业收入 Revenue	利润总额 Profits
全　国	**Total**	**27405**	**9444892**	**149088**	**8401**
东部地区	Eastern Region	19491	6595231	102775	5924
中部地区	Middle Region	5313	1817651	26570	1015
西部地区	Western Region	2339	954349	18756	1299
东北地区	Northeastern Region	262	77661	987	162
北　京	Beijing	303	93326	4805	394
天　津	Tianjin	260	92519	1775	88
河　北	Hebei	274	75280	834	49
山　西	Shanxi	95	119848	1521	32
内蒙古	Inner Mongolia	49	18111	472	36
辽　宁	Liaoning	196	62238	858	164
吉　林	Jilin	43	9979	80	5
黑龙江	Heilongjiang	23	5444	48	-7
上　海	Shanghai	567	217069	4677	269
江　苏	Jiangsu	4268	1509771	23904	1438
浙　江	Zhejiang	2571	660236	9969	688
安　徽	Anhui	1234	293557	4242	135
福　建	Fujian	849	377518	6817	554
江　西	Jiangxi	1613	437800	6257	463
山　东	Shandong	905	282860	4298	140
河　南	Henan	487	397908	6955	172
湖　北	Hubei	750	247813	4192	-21
湖　南	Hunan	1134	320725	3403	234
广　东	Guangdong	9492	3285798	45679	2301
广　西	Guangxi	306	125168	1450	48
海　南	Hainan				
重　庆	Chongqing	359	180688	3243	213
四　川	Sichuan	931	349854	5843	279
贵　州	Guizhou	186	45540	989	82
云　南	Yunnan	103	50354	1822	192
西　藏	Tibet				
陕　西	Shaanxi	297	120099	2953	228
甘　肃	Gansu	28	15996	273	19
青　海	Qinghai	21	26406	942	137
宁　夏	Ningxia	26	16097	619	59
新　疆	Xinjiang	32	5959	147	7

1-2-4 续表 2 continued

单位：个，人，亿元 (unit,person,100 million yuan)

地区	Region	计算机及办公设备制造业 Manufacture of Computer and Office Equipments 企业数 Number of Enterprises	平均用工人数 Annual Average Employees	营业收入 Revenue	利润总额 Profits
全国	**Total**	**3221**	**1384044**	**26861**	**812**
东部地区	Eastern Region	2473	984005	16688	596
中部地区	Middle Region	345	122444	3071	62
西部地区	Western Region	377	264509	6941	140
东北地区	Northeastern Region	26	13086	160	14
北京	Beijing	59	16541	514	29
天津	Tianjin	35	19769	665	39
河北	Hebei	29	3808	19	
山西	Shanxi	15	2459	45	1
内蒙古	Inner Mongolia				
辽宁	Liaoning	18	8130	28	
吉林	Jilin	4	4266	126	14
黑龙江	Heilongjiang	4	690	6	1
上海	Shanghai	68	71565	2002	7
江苏	Jiangsu	388	321975	4475	105
浙江	Zhejiang	191	51446	728	48
安徽	Anhui	92	39163	1444	10
福建	Fujian	98	59301	1418	55
江西	Jiangxi	84	32453	541	20
山东	Shandong	94	35857	1198	30
河南	Henan	45	15010	336	5
湖北	Hubei	46	17316	433	9
湖南	Hunan	63	16043	273	18
广东	Guangdong	1511	403743	5667	283
广西	Guangxi	35	9162	104	4
海南	Hainan				
重庆	Chongqing	220	134438	3304	76
四川	Sichuan	88	116835	3428	60
贵州	Guizhou	8	327	40	
云南	Yunnan	7	2421	44	
西藏	Tibet				
陕西	Shaanxi	11	1035	12	
甘肃	Gansu				
青海	Qinghai				
宁夏	Ningxia				
新疆	Xinjiang	3	98	5	

1-2-4 续表 3 continued

单位：个，人，亿元 (unit,person,100 million yuan)

地 区	Region	医疗仪器设备及仪器仪表制造业 Manufacture of Medical Equipments and Measuring Instrument			
		企业数 Number of Enterprises	平均用工人数 Annual Average Employees	营业收入 Revenue	利润总额 Profits
全 国	**Total**	**9219**	**1466831**	**14594**	**1878**
东部地区	Eastern Region	6795	1113462	11352	1449
中部地区	Middle Region	1518	203868	1816	224
西部地区	Western Region	666	110262	1111	170
东北地区	Northeastern Region	240	39239	315	35
北 京	Beijing	337	56938	705	100
天 津	Tianjin	145	17848	261	44
河 北	Hebei	224	32399	267	30
山 西	Shanxi	40	4217	30	2
内 蒙 古	Inner Mongolia	4	504	2	
辽 宁	Liaoning	160	26963	225	26
吉 林	Jilin	40	4427	27	3
黑 龙 江	Heilongjiang	40	7849	63	6
上 海	Shanghai	461	71623	981	142
江 苏	Jiangsu	2007	309401	3679	427
浙 江	Zhejiang	1220	214197	1948	268
安 徽	Anhui	276	32326	338	47
福 建	Fujian	246	36333	278	25
江 西	Jiangxi	240	31221	277	28
山 东	Shandong	553	79461	681	85
河 南	Henan	398	56086	338	27
湖 北	Hubei	267	35612	374	45
湖 南	Hunan	297	44406	458	73
广 东	Guangdong	1602	295262	2553	330
广 西	Guangxi	49	6914	38	8
海 南	Hainan				
重 庆	Chongqing	151	32071	342	59
四 川	Sichuan	235	35025	380	46
贵 州	Guizhou	30	2513	13	
云 南	Yunnan	29	4514	40	5
西 藏	Tibet				
陕 西	Shaanxi	146	25711	268	50
甘 肃	Gansu	11	1013	5	1
青 海	Qinghai				
宁 夏	Ningxia	5	1404	21	3
新 疆	Xinjiang	4	132	1	

1-3-1 按行业分高技术产业投资增长情况(2022年)
Growth Rate of Total Investment in High-tech Industry by Industrial Sector(2022)

单位：% (percent)

行　业	Industry	全部投资增长 Growth Rate of Total Investment	国　有 State-owned Enterprises	内　资 Domestic Funded	港澳台投资 Funds from Hong Kong, Macau and Taiwan	外商投资 Foreign Funded Enterprises
合计	**Total**	**22.2**	**32.5**	**26.6**	**9.0**	**-7.4**
医药制造业	Manufacture of Medicines	5.9	28.2	8.0	-7.8	-14.6
电子及通信设备制造业	Manufacture of Electronic Equipment and Communication Equipment	27.2	33.9	33.3	13.8	-6.5
计算机及办公设备制造业	Manufacture of Computers and Office Equipments	12.8	19.2	17.2	-3.1	-16.8
医疗仪器设备及仪器仪表制造业	Manufacture of Medical Equipments and Meters	27.6	58.7	28.9	29.1	-4.1
信息化学品制造业	Manufacture of Electronic Chemicals	39.4		45.7		76.2

1-4-1 各地区高技术产业投资增长情况(2022年)
Growth Rate of Total Investment in High-tech Industry by Region (2022)

单位：% (percent)

地区	Region	全部投资增长 Growth Rate of Total Investment	国有 State-owned Enterprises	内资 Domestic Funded	港澳台投资 Funds from Hong Kong, Macau and Taiwan	外商投资 Foreign Funded Enterprises
全国	**Total**	**22.2**	**32.5**	**26.6**	**9.0**	**-7.4**
北京	Beijing	28.3	27.4	33.2	33.2	17.3
天津	Tianjin	10.0	17.1	54.1	-4.9	-22.4
河北	Hebei	35.5	302.5	37.7	11.9	12.7
山西	Shanxi	45.7	18.6	44.3	-31.9	165.1
内蒙古	Inner Mongolia	91.6	24.4	92.2	-19.9	155.0
辽宁	Liaoning	4.9	176.4	1.5	20.5	8.3
吉林	Jilin	-14.3	-26.7	-12.1		-91.3
黑龙江	Heilongjiang	0.6	16.4	-1.8		240.1
上海	Shanghai	19.8	-14.2	2.4	20.7	89.2
江苏	Jiangsu	9.4	-12.1	12.2	15.0	-13.5
浙江	Zhejiang	43.1	47.8	44.2	27.6	44.9
安徽	Anhui	44.8	55.0	46.8	31.6	-9.1
福建	Fujian	11.7	96.6	17.0	-7.1	-35.3
江西	Jiangxi	10.0	-3.8	10.5	-8.6	22.1
山东	Shandong	39.4	90.6	44.0	56.0	1.9
河南	Henan	32.2	78.0	33.9	-0.3	-2.9
湖北	Hubei	22.0	39.5	23.7	-23.1	6.7
湖南	Hunan	23.6	21.4	25.1	-11.1	50.8
广东	Guangdong	25.5	90.8	35.9	-9.6	2.5
广西	Guangxi	60.8	49.5	62.5	89.2	-32.0
海南	Hainan	42.3	13.7	45.1	10.8	61.9
重庆	Chongqing	7.5	-4.1	4.3	26.5	38.3
四川	Sichuan	25.0	39.2	30.1	-15.7	-20.0
贵州	Guizhou	102.3	109.0	129.6		-80.2
云南	Yunnan	83.6	2.2	87.9	3.5	-79.2
西藏	Tibet	-60.1	36.0	-60.1		
陕西	Shaanxi	-6.7	72.7	40.9	19.0	-71.1
甘肃	Gansu	14.7	30.7	18.4	-72.7	-69.6
青海	Qinghai	86.6	22.4	86.6		
宁夏	Ningxia	66.6	-76.9	66.8	-16.1	78.9
新疆	Xinjiang	-27.7	11.1	-25.3		-20.5

Growth Rate of Total Investment in High-tech Industry by Region (2022)

R&D 及相关活动情况

Statistics on R&D and Related Activities

2-1-1 按行业分高技术产业研发相关情况(2022年)

行 业	Industry	有R&D活动的企业数(个) Number of Enterprises Having R&D Activities (unit)
合计	**Total**	**28471**
医药制造业	**Manufacture of Medicines**	**5539**
#化学药品制造	Manufacture of Chemical Medicine	1847
中成药生产	Manufacture of Finished Traditional Chinese Herbal Medicine	984
生物药品制品制造	Manufacture of Biopharmaceutical Products	798
电子及通信设备制造业	**Manufacture of Electronic Equipment and Communication Equipment**	**14946**
电子工业专用设备制造	Manufacture of Special Equipment for Electronic Industry	1167
光纤光缆及锂离子电池制造	Manufacture of Optical Fiber and Cable, and Lithium Ion Battery	1103
#锂离子电池制造	Manufacture of Lithium Ion Batteries	876
#通信设备、雷达及配套设备制造	Manufacture of Communication Equipment, Radar and Matching Equipment	1411
#通信系统设备制造	Manufacture of Communication System Equipment	735
通信终端设备制造	Manufacture of Communication Terminal Equipment	581
雷达及配套设备制造	Manufacture of Radar and Related Equipment	95
广播电视设备制造	Manufacture of Broadcasting and TV Equipment	346
非专业视听设备制造	Manufacture of Non-professional Audio-visual Equipment	580
电子器件制造	Manufacture of Electronic Appliances	3398
#电子真空器件制造	Manufacture of Electronic Vacuum Appliances	260
半导体分立器件制造	Manufacture of Semiconductor Discreting Appliances	295
集成电路制造	Manufacture of Integrate Circuit	780
光电子器件制造	Manufacture of Optoelectronic Devices	628
电子元件及电子专用材料制造	Manufacture of Electronic Components and Electronic Specialized Materials	5152
#电阻电容电感元件制造	Manufacture of Resistance, Capacitance and Inductance Components	700
电子电路制造	Manufacture of Electronic Circuit	977
电子专用材料制造	Manufacture of Electronic Specialized Materials	1464
智能消费设备制造	Manufacturing of Intelligent Consumption Equipment	953
其他电子设备制造	Other Electronic Equipment	836
计算机及办公设备制造业	**Manufacture of Computers and Office Equipments**	**1600**
#计算机整机制造	Manufacture of Entired Computer	182
计算机零部件制造	Manufacture of Parts and Fixture for Computer	529
计算机外围设备制造	Manufacture of Computer Peripheral Equipment	415
办公设备制造	Manufacture of Office Equipment	149
医疗仪器设备及仪器仪表制造业	**Manufacture of Medical Equipments and Meters**	**5798**
#医疗仪器设备及器械制造	Manufacture of Medical Equipment and Appliances	1888
#医疗诊断、监护及治疗设备制造	Manufacture of Medical Diagnosis, Monitoring and Treatment Equipment	608
医疗、外科及兽医用器械制造	Manufacture of Medical, Surgical and Veterinary Instruments	501
通用仪器仪表制造	Manufacture of General Instruments	2641
专用仪器仪表制造	Manufacture of Special Instruments	782
信息化学品制造业	**Manufacture of Electronic Chemicals**	**92**

注：本表数据口径范围为年主营业务收入2000万元及以上的工业企业法人单位。以下各表相同。

R&D Statistics on High-tech Industry by Industrial Sector(2022)

R&D人员 (人) R&D Personnel (person)	#全时人员 Full-time Personnel	#研究人员 Researchers	R&D人员折合全时当量 (人年) Full-time Equivalent (man-year)	R&D经费内部支出 (万元) Intramural Expenditure on R&D (10000 yuan)	#人员劳务费 Labor Cost
1693645	**1319050**	**579142**	**1253952**	**65077304**	**25210386**
249784	**186871**	**94929**	**175288**	**10488868**	**2709052**
111677	84177	43813	78272	4896363	1305548
40830	28074	14651	27948	1180412	336311
44869	35979	19928	31687	3009140	647508
1051940	**826181**	**337342**	**796975**	**42457099**	**17348849**
47782	37448	16917	33786	1342272	593632
78285	61997	23630	54326	3671063	1122549
70221	56256	21011	48667	3292695	1057318
276422	228679	109187	227532	13149507	7072483
77292	56578	35430	59052	2849801	1622890
190585	165258	69947	162584	9983685	5327510
8545	6843	3810	5897	316021	122083
15792	12285	4962	12346	434913	229003
38686	30711	12647	29364	1314613	537322
241876	192784	77329	182968	11006852	3852572
10110	7875	2324	7708	289806	103277
12840	9080	4109	9261	419442	151168
73568	59692	30592	54335	5270664	1808186
30907	24214	9618	22929	1048180	403275
252031	183913	59780	182551	8486984	2521815
27055	18582	6480	18823	622582	235439
65063	48115	12564	49257	1587588	611656
59477	40349	16131	40671	3646118	553665
59595	46287	18752	44463	1856008	867054
41471	32077	14138	29640	1194889	552418
118874	**95806**	**39069**	**86834**	**3550692**	**1605300**
28047	24355	11789	20608	1197751	461851
34318	25493	5646	24181	772397	275011
21803	17351	6920	15702	591409	246915
7712	6250	2653	5986	178215	100289
206692	**160619**	**77433**	**147093**	**5659022**	**2764716**
70494	55958	26738	49649	2201284	975758
31340	26383	14206	22165	1115147	526352
16870	12843	5243	12138	421800	179478
88834	68184	32566	64072	2262055	1234027
28048	22069	11173	20141	690425	349179
3508	**2359**	**1139**	**2562**	**95977**	**29805**

Note: Data in this table cover the industrial enterprises with revenue from principal business of over 20 million RMB. The same applies to the following tables.

2-1-1 续表 1

行 业	Industry	#仪器和设备 Equipment
合计	**Total**	**4651154**
医药制造业	**Manufacture of Medicines**	**786486**
#化学药品制造	Manufacture of Chemical Medicine	357961
中成药生产	Manufacture of Finished Traditional Chinese Herbal Medicine	67556
生物药品制品制造	Manufacture of Biopharmaceutical Products	264581
电子及通信设备制造业	**Manufacture of Electronic Equipment and Communication Equipment**	**3240097**
电子工业专用设备制造	Manufacture of Special Equipment for Electronic Industry	91257
光纤光缆及锂离子电池制造	Manufacture of Optical Fiber and Cable, and Lithium Ion Battery	408592
#锂离子电池制造	Manufacture of Lithium Ion Batteries	395264
#通信设备、雷达及配套设备制造	Manufacture of Communication Equipment, Radar and Matching Equipment	241949
#通信系统设备制造	Manufacture of Communication System Equipment	81634
通信终端设备制造	Manufacture of Communication Terminal Equipment	145229
雷达及配套设备制造	Manufacture of Radar and Related Equipment	15087
广播电视设备制造	Manufacture of Broadcasting and TV Equipment	12261
非专业视听设备制造	Manufacture of Non-professional Audio-visual Equipment	41130
电子器件制造	Manufacture of Electronic Appliances	1690415
#电子真空器件制造	Manufacture of Electronic Vacuum Appliances	17435
半导体分立器件制造	Manufacture of Semiconductor Discreting Appliances	77771
集成电路制造	Manufacture of Integrate Circuit	1067746
光电子器件制造	Manufacture of Optoelectronic Devices	128008
电子元件及电子专用材料制造	Manufacture of Electronic Components and Electronic Specialized Materials	637419
#电阻电容电感元件制造	Manufacture of Resistance, Capacitance and Inductance Components	41512
电子电路制造	Manufacture of Electronic Circuit	151036
电子专用材料制造	Manufacture of Electronic Specialized Materials	282931
智能消费设备制造	Manufacturing of Intelligent Consumption Equipment	74535
其他电子设备制造	Other Electronic Equipment	42540
计算机及办公设备制造业	**Manufacture of Computers and Office Equipments**	**124641**
#计算机整机制造	Manufacture of Entired Computer	31661
计算机零部件制造	Manufacture of Parts and Fixture for Computer	34055
计算机外围设备制造	Manufacture of Computer Peripheral Equipment	11844
办公设备制造	Manufacture of Office Equipment	3539
医疗仪器设备及仪器仪表制造业	**Manufacture of Medical Equipments and Meters**	**280412**
#医疗仪器设备及器械制造	Manufacture of Medical Equipment and Appliances	99645
#医疗诊断、监护及治疗设备制造	Manufacture of Medical Diagnosis, Monitoring and Treatment Equipment	46760
医疗、外科及兽医用器械制造	Manufacture of Medical, Surgical and Veterinary Instruments	20795
通用仪器仪表制造	Manufacture of General Instruments	78769
专用仪器仪表制造	Manufacture of Special Instruments	40637
信息化学品制造业	**Manufacture of Electronic Chemicals**	**5543**

continued

#政府资金 Government Funds	#企业资金 Self-raised Funds by Enterprises	R&D经费外部支出（万元） External Expenditure on R&D (10000 yuan)	新产品开发项目数（项） New Products (item)	新产品开发经费支出（万元） Expenditure on New Products Development (10000 yuan)	新 产 品 销售收入（万元） Sales Revenue of New Products (10000 yuan)
3064190	**61870752**	**7640904**	**256482**	**85906282**	**875482574**
204905	**10243915**	**1645469**	**56123**	**12697698**	**100493102**
83393	4783099	972138	24062	5443428	48172840
30188	1149818	239779	9607	1387058	17083522
70845	2931757	345085	9444	4124860	14728689
1328382	**41078863**	**4865312**	**126721**	**56877598**	**611768971**
99802	1242417	39275	9195	1962565	13970239
45264	3625600	167779	8417	4467203	70305180
41702	3250795	161274	6799	4025115	63546011
304940	12830611	3300143	14567	20081351	179215531
151200	2691349	282736	7229	4904160	40120293
129445	9847572	3006869	6339	14802406	138144161
24294	291690	10539	999	374784	951078
6212	428148	5523	2888	676256	9383669
24640	1289014	58771	5175	1733258	28524745
584543	10411182	727546	32064	13718579	117345991
3621	286044	2457	1774	324254	4309306
16905	402329	16590	2381	567804	4020817
254286	5008359	543961	8805	6714961	43770401
34412	1013703	33953	5450	1392079	12897421
144368	8334013	254851	38107	10062262	141198075
12918	609517	15941	4722	759958	8689401
8736	1578403	10070	7891	2016983	27211717
91790	3547979	38153	10373	4095470	66476768
25356	1821168	274855	9103	2526164	38417049
93258	1096710	36570	7205	1649960	13408492
35459	**3487622**	**447431**	**15428**	**4833783**	**86445856**
10721	1161974	241586	2288	1651300	52215678
5996	765961	14620	3868	939179	15047622
3529	586343	33037	4190	893888	10225856
2378	175354	4267	1149	242566	1685975
151922	**5498288**	**287059**	**51068**	**7973757**	**50021838**
51227	2147547	130215	18914	3196469	16464751
32485	1080992	77198	7185	1630990	7501059
6002	415707	19690	4560	604043	4444345
55929	2200622	89854	21662	3029522	23915917
29285	660496	40723	6725	989307	5795894
649	**95328**	**2337**	**678**	**160819**	**2369680**

2-1-1 续表 2

行　业	Industry	#出口 Exports
合计	**Total**	**279392077**
医药制造业	**Manufacture of Medicines**	**12364790**
#化学药品制造	Manufacture of Chemical Medicine	7199216
中成药生产	Manufacture of Finished Traditional Chinese Herbal Medicine	184912
生物药品制品制造	Manufacture of Biopharmaceutical Products	2312846
电子及通信设备制造业	**Manufacture of Electronic Equipment and Communication Equipment**	**204663707**
电子工业专用设备制造	Manufacture of Special Equipment for Electronic Industry	1462483
光纤光缆及锂离子电池制造	Manufacture of Optical Fiber and Cable, and Lithium Ion Battery	13059945
#锂离子电池制造	Manufacture of Lithium Ion Batteries	12294524
#通信设备、雷达及配套设备制造	Manufacture of Communication Equipment, Radar and Matching Equipment	76727709
#通信系统设备制造	Manufacture of Communication System Equipment	8500419
通信终端设备制造	Manufacture of Communication Terminal Equipment	68215630
雷达及配套设备制造	Manufacture of Radar and Related Equipment	11660
广播电视设备制造	Manufacture of Broadcasting and TV Equipment	4661490
非专业视听设备制造	Manufacture of Non-professional Audio-visual Equipment	11006381
电子器件制造	Manufacture of Electronic Appliances	37696197
#电子真空器件制造	Manufacture of Electronic Vacuum Appliances	1871080
半导体分立器件制造	Manufacture of Semiconductor Discreting Appliances	801567
集成电路制造	Manufacture of Integrate Circuit	8017923
光电子器件制造	Manufacture of Optoelectronic Devices	4183715
电子元件及电子专用材料制造	Manufacture of Electronic Components and Electronic Specialized Materials	37764458
#电阻电容电感元件制造	Manufacture of Resistance, Capacitance and Inductance Components	2411482
电子电路制造	Manufacture of Electronic Circuit	13470033
电子专用材料制造	Manufacture of Electronic Specialized Materials	5748255
智能消费设备制造	Manufacturing of Intelligent Consumption Equipment	19108799
其他电子设备制造	Other Electronic Equipment	3176246
计算机及办公设备制造业	**Manufacture of Computers and Office Equipments**	**53361709**
#计算机整机制造	Manufacture of Entired Computer	37816862
计算机零部件制造	Manufacture of Parts and Fixture for Computer	9620291
计算机外围设备制造	Manufacture of Computer Peripheral Equipment	4195144
办公设备制造	Manufacture of Office Equipment	667555
医疗仪器设备及仪器仪表制造业	**Manufacture of Medical Equipments and Meters**	**8013124**
#医疗仪器设备及器械制造	Manufacture of Medical Equipment and Appliances	3667140
#医疗诊断、监护及治疗设备制造	Manufacture of Medical Diagnosis, Monitoring and Treatment Equipment	1656464
医疗、外科及兽医用器械制造	Manufacture of Medical, Surgical and Veterinary Instruments	870192
通用仪器仪表制造	Manufacture of General Instruments	2535340
专用仪器仪表制造	Manufacture of Special Instruments	996936
信息化学品制造业	**Manufacture of Electronic Chemicals**	**360614**

continued

专利申请数 (件) Patent Applications (unit)	#发明专利 Invention Patents	有效发明专利数 (件) Number of Patents In Force (unit)	引进技术经费支出 (万元) Expenditure for Acquisition of Foreign Technology (10000 yuan)	消化吸收经费支出 (万元) Expenditure for Assimilation of Technology (10000 yuan)	购买境内技术经费支出 (万元) Expenditure for Purchase of Domestic Technology (10000 yuan)
434039	**223501**	**809824**	**666711**	**151193**	**2263101**
33128	**16058**	**74357**	**114282**	**6201**	**423738**
11287	6426	30823	76782	1589	270609
5079	2228	15436	153		35873
6706	4144	13154	16836	4612	88557
293667	**164751**	**582865**	**411104**	**144398**	**1492689**
17193	6326	26318	3500	2162	9402
29213	13394	20794	29653	131781	290837
26883	12514	17024	27318	131781	290168
78191	64268	281560	183712		1005874
21243	15657	94218	541		3146
55474	47689	184357	183171		1002692
1474	922	2985			37
4615	1573	6210	2274		1168
10120	3909	15960	30184	1509	18440
70590	43295	136190	111891	8131	70339
5548	3791	6039			541
3016	1374	3761	83		1267
23238	17599	44871	87738	8098	39161
9524	3737	12105	1254	15	2605
48609	19236	61981	41857	815	88378
5298	1789	6829	950		10172
7951	2763	9790	27183	121	52907
14070	7161	19468	2379		12568
22211	8045	18267	3314		6324
12925	4705	15585	4719		1927
23878	**9392**	**45764**	**7458**	**8**	**21934**
5961	3723	17362	668		8830
5869	1185	8495	3837		2337
6181	2079	8577	633	8	2998
1345	414	4088	114		115
70699	**25952**	**81686**	**30329**	**515**	**49575**
26977	10045	32211	4480	500	8637
11918	5505	15222	2360	500	1951
4898	1472	6730	1024		1710
29074	10175	33161	15898		25355
8913	3442	9752		15	4194
902	**344**	**1288**			**108**

2-1-1 续表 3

行　业	Industry	技术改造经费支出(万元) Expenditure for Technical Renovation (10000 yuan)
合计	**Total**	**8287488**
医药制造业	**Manufacture of Medicines**	**1334170**
#化学药品制造	Manufacture of Chemical Medicine	803986
中成药生产	Manufacture of Finished Traditional Chinese Herbal Medicine	146415
生物药品制品制造	Manufacture of Biopharmaceutical Products	125766
电子及通信设备制造业	**Manufacture of Electronic Equipment and Communication Equipment**	**5496097**
电子工业专用设备制造	Manufacture of Special Equipment for Electronic Industry	73913
光纤光缆及锂离子电池制造	Manufacture of Optical Fiber and Cable, and Lithium Ion Battery	1098092
#锂离子电池制造	Manufacture of Lithium Ion Batteries	1067178
#通信设备、雷达及配套设备制造	Manufacture of Communication Equipment, Radar and Matching Equipment	770275
#通信系统设备制造	Manufacture of Communication System Equipment	59823
通信终端设备制造	Manufacture of Communication Terminal Equipment	699398
雷达及配套设备制造	Manufacture of Radar and Related Equipment	11053
广播电视设备制造	Manufacture of Broadcasting and TV Equipment	51736
非专业视听设备制造	Manufacture of Non-professional Audio-visual Equipment	167398
电子器件制造	Manufacture of Electronic Appliances	1518275
#电子真空器件制造	Manufacture of Electronic Vacuum Appliances	28286
半导体分立器件制造	Manufacture of Semiconductor Discreting Appliances	108423
集成电路制造	Manufacture of Integrate Circuit	467633
光电子器件制造	Manufacture of Optoelectronic Devices	64092
电子元件及电子专用材料制造	Manufacture of Electronic Components and Electronic Specialized Materials	1601487
#电阻电容电感元件制造	Manufacture of Resistance, Capacitance and Inductance Components	252260
电子电路制造	Manufacture of Electronic Circuit	496093
电子专用材料制造	Manufacture of Electronic Specialized Materials	383075
智能消费设备制造	Manufacturing of Intelligent Consumption Equipment	156173
其他电子设备制造	Other Electronic Equipment	58749
计算机及办公设备制造业	**Manufacture of Computers and Office Equipments**	**387596**
#计算机整机制造	Manufacture of Entired Computer	249752
计算机零部件制造	Manufacture of Parts and Fixture for Computer	54899
计算机外围设备制造	Manufacture of Computer Peripheral Equipment	46861
办公设备制造	Manufacture of Office Equipment	4222
医疗仪器设备及仪器仪表制造业	**Manufacture of Medical Equipments and Meters**	**336460**
#医疗仪器设备及器械制造	Manufacture of Medical Equipment and Appliances	73415
#医疗诊断、监护及治疗设备制造	Manufacture of Medical Diagnosis, Monitoring and Treatment Equipment	33319
医疗、外科及兽医用器械制造	Manufacture of Medical, Surgical and Veterinary Instruments	17804
通用仪器仪表制造	Manufacture of General Instruments	149097
专用仪器仪表制造	Manufacture of Special Instruments	59117
信息化学品制造业	**Manufacture of Electronic Chemicals**	**15021**

continued

有研发机构的企业数(个) Number of Enterprises with R&D Institutions (unit)	机构数(个) R&D Institutions (unit)	机构人员(人) Personnel in R&D Institutions (person)	机构经费支出(万元) Expenditure in R&D Institutions (10000 yuan)	#仪器设备 Equipment
21542	**25084**	**1341431**	**57919288**	**37965001**
3704	**4581**	**196809**	**10523796**	**7135882**
1336	1699	93054	5262916	3943225
623	797	31676	1274979	827946
496	632	37048	2877135	1545881
12194	**13909**	**844516**	**37107687**	**23966317**
851	958	43811	1398694	504542
919	1076	72941	3607291	1879023
747	868	67638	3314285	1654019
1120	1417	208126	11104324	4491026
580	713	100882	4763818	1744705
479	623	100861	6066731	2490409
61	81	6383	273775	255913
298	325	15538	534399	403212
587	657	40963	1628342	470041
2740	3168	178895	8230027	9569356
222	233	6247	179841	121162
218	256	9435	277915	382663
537	658	42547	3002536	4420448
491	611	28234	945179	850695
4171	4610	198493	7393828	5521454
570	615	19801	535307	563467
885	966	52541	1367886	1558590
1054	1213	42868	3055755	1991266
779	870	50630	1930043	696139
729	828	35119	1280740	431524
1410	**1632**	**88302**	**3227243**	**1167717**
163	178	17138	964201	187781
445	471	23167	742748	342192
397	494	22061	682803	312668
126	141	5967	165553	53941
3917	**4538**	**168977**	**5544092**	**2825514**
1232	1406	53768	2146436	886577
398	462	24095	1136346	356643
315	351	12382	411183	237999
1813	2119	73927	2165755	1043040
532	630	23231	678340	413446
69	**85**	**2747**	**88213**	**76521**

2-1-2 按行业分大型企业高技术产业研发相关情况(2022年)

行 业	Industry	有R&D活动的企业数(个) Number of Enterprises Having R&D Activities (unit)
合计	**Total**	**1671**
医药制造业	**Manufacture of Medicines**	**280**
#化学药品制造	Manufacture of Chemical Medicine	141
中成药生产	Manufacture of Finished Traditional Chinese Herbal Medicine	54
生物药品制品制造	Manufacture of Biopharmaceutical Products	48
电子及通信设备制造业	**Manufacture of Electronic Equipment and Communication Equipment**	**1073**
电子工业专用设备制造	Manufacture of Special Equipment for Electronic Industry	34
光纤光缆及锂离子电池制造	Manufacture of Optical Fiber and Cable, and Lithium Ion Battery	91
#锂离子电池制造	Manufacture of Lithium Ion Batteries	87
#通信设备、雷达及配套设备制造	Manufacture of Communication Equipment, Radar and Matching Equipment	135
#通信系统设备制造	Manufacture of Communication System Equipment	40
通信终端设备制造	Manufacture of Communication Terminal Equipment	91
雷达及配套设备制造	Manufacture of Radar and Related Equipment	4
广播电视设备制造	Manufacture of Broadcasting and TV Equipment	16
非专业视听设备制造	Manufacture of Non-professional Audio-visual Equipment	48
电子器件制造	Manufacture of Electronic Appliances	303
#电子真空器件制造	Manufacture of Electronic Vacuum Appliances	11
半导体分立器件制造	Manufacture of Semiconductor Discreting Appliances	18
集成电路制造	Manufacture of Integrate Circuit	84
光电子器件制造	Manufacture of Optoelectronic Devices	47
电子元件及电子专用材料制造	Manufacture of Electronic Components and Electronic Specialized Materials	339
#电阻电容电感元件制造	Manufacture of Resistance, Capacitance and Inductance Components	37
电子电路制造	Manufacture of Electronic Circuit	108
电子专用材料制造	Manufacture of Electronic Specialized Materials	81
智能消费设备制造	Manufacturing of Intelligent Consumption Equipment	67
其他电子设备制造	Other Electronic Equipment	40
计算机及办公设备制造业	**Manufacture of Computers and Office Equipments**	**125**
#计算机整机制造	Manufacture of Entired Computer	30
计算机零部件制造	Manufacture of Parts and Fixture for Computer	51
计算机外围设备制造	Manufacture of Computer Peripheral Equipment	22
办公设备制造	Manufacture of Office Equipment	8
医疗仪器设备及仪器仪表制造业	**Manufacture of Medical Equipments and Meters**	**123**
#医疗仪器设备及器械制造	Manufacture of Medical Equipment and Appliances	49
#医疗诊断、监护及治疗设备制造	Manufacture of Medical Diagnosis, Monitoring and Treatment Equipment	24
医疗、外科及兽医用器械制造	Manufacture of Medical, Surgical and Veterinary Instruments	17
通用仪器仪表制造	Manufacture of General Instruments	44
专用仪器仪表制造	Manufacture of Special Instruments	13
信息化学品制造业	**Manufacture of Electronic Chemicals**	**3**

R&D Statistics on High-tech Industry of Large-size Enterprises by Industrial Sector(2021)

R&D人员 (人) R&D Personnel (person)	#全时人员 Full-time Personnel	#研究人员 Researchers	R&D人员折合全时当量 (人年) Full-time Equivalent (man-year)	R&D经费内部支出 (万元) Intramural Expenditure on R&D (10000 yuan)	#人员劳务费 Labor Cost
847429	**682419**	**309886**	**656030**	**39567984**	**15907435**
85775	**67792**	**36934**	**63518**	**5039013**	**1196082**
45458	35303	19716	33048	2740971	678088
12872	9690	5362	9529	494134	144342
15054	12837	7201	11386	1443430	243538
610957	**495019**	**210164**	**482175**	**28739990**	**12432550**
17634	14483	7269	12274	463886	237654
46489	37953	14436	33247	2438328	847484
44618	36550	13643	31855	2319524	828425
223827	186521	90176	188973	11693809	6348201
48397	33331	24202	37408	2083653	1210625
172508	150856	64529	149555	9468968	5096150
2922	2334	1445	2010	141188	41426
4388	3808	1303	3551	159935	80330
23068	18899	8654	17967	929180	397062
138658	114118	43892	108960	7316292	2423932
3894	3210	761	3473	111371	48682
3650	2506	1170	2615	131524	45498
40259	33058	16072	30187	3582927	1063480
11842	9766	3947	9134	468995	203355
110382	82375	28138	81744	4081738	1304293
8729	5651	2470	5753	211876	95226
36370	27375	7903	28455	959459	390716
18529	11730	5355	12362	1536627	189229
30582	24074	9557	23530	1083653	517474
15929	12788	6739	11929	573169	276119
62104	**51961**	**21617**	**46326**	**2065318**	**922822**
22034	19609	9328	16366	980888	353612
18045	13600	2509	12414	372719	132180
6711	5585	2460	4981	183542	72555
2265	1947	822	1937	55096	33757
45070	**35095**	**19994**	**31827**	**1497734**	**789307**
18286	15133	8134	13026	646393	303158
11250	9852	5763	8056	420116	206424
3468	2784	1155	2583	98173	49414
15385	11519	7041	11133	526202	354439
4587	3431	1992	3319	123940	57377
885	**573**	**429**	**691**	**16437**	**8258**

2-1-2 续表 1

行　业	Industry	#仪器和设备 Equipment
合计	**Total**	**2923687**
医药制造业	**Manufacture of Medicines**	**385120**
#化学药品制造	Manufacture of Chemical Medicine	179988
中成药生产	Manufacture of Finished Traditional Chinese Herbal Medicine	35668
生物药品制品制造	Manufacture of Biopharmaceutical Products	139104
电子及通信设备制造业	**Manufacture of Electronic Equipment and Communication Equipment**	**2234839**
电子工业专用设备制造	Manufacture of Special Equipment for Electronic Industry	33159
光纤光缆及锂离子电池制造	Manufacture of Optical Fiber and Cable, and Lithium Ion Battery	285219
#锂离子电池制造	Manufacture of Lithium Ion Batteries	280627
#通信设备、雷达及配套设备制造	Manufacture of Communication Equipment, Radar and Matching Equipment	175580
#通信系统设备制造	Manufacture of Communication System Equipment	50807
通信终端设备制造	Manufacture of Communication Terminal Equipment	116521
雷达及配套设备制造	Manufacture of Radar and Related Equipment	8252
广播电视设备制造	Manufacture of Broadcasting and TV Equipment	5571
非专业视听设备制造	Manufacture of Non-professional Audio-visual Equipment	32213
电子器件制造	Manufacture of Electronic Appliances	1313287
#电子真空器件制造	Manufacture of Electronic Vacuum Appliances	7336
半导体分立器件制造	Manufacture of Semiconductor Discreting Appliances	36257
集成电路制造	Manufacture of Integrate Circuit	865325
光电子器件制造	Manufacture of Optoelectronic Devices	58421
电子元件及电子专用材料制造	Manufacture of Electronic Components and Electronic Specialized Materials	330634
#电阻电容电感元件制造	Manufacture of Resistance, Capacitance and Inductance Components	17321
电子电路制造	Manufacture of Electronic Circuit	100245
电子专用材料制造	Manufacture of Electronic Specialized Materials	121754
智能消费设备制造	Manufacturing of Intelligent Consumption Equipment	48642
其他电子设备制造	Other Electronic Equipment	10536
计算机及办公设备制造业	**Manufacture of Computers and Office Equipments**	**68357**
#计算机整机制造	Manufacture of Entired Computer	27175
计算机零部件制造	Manufacture of Parts and Fixture for Computer	13837
计算机外围设备制造	Manufacture of Computer Peripheral Equipment	1530
办公设备制造	Manufacture of Office Equipment	781
医疗仪器设备及仪器仪表制造业	**Manufacture of Medical Equipments and Meters**	**92457**
#医疗仪器设备及器械制造	Manufacture of Medical Equipment and Appliances	29217
#医疗诊断、监护及治疗设备制造	Manufacture of Medical Diagnosis, Monitoring and Treatment Equipment	20737
医疗、外科及兽医用器械制造	Manufacture of Medical, Surgical and Veterinary Instruments	1606
通用仪器仪表制造	Manufacture of General Instruments	14374
专用仪器仪表制造	Manufacture of Special Instruments	15313
信息化学品制造业	**Manufacture of Electronic Chemicals**	**407**

continued

#政府资金 Government Funds	#企业资金 Self-raised Funds by Enterprises	R&D经费外部支出(万元) External Expenditure on R&D (10000 yuan)	新产品开发项目数(项) New Products (item)	新产品开发经费支出(万元) Expenditure on New Products Development (10000 yuan)	新产品销售收入(万元) Sales Revenue of New Products (10000 yuan)
2345955	**37135567**	**5531757**	**42172**	**50876762**	**575104169**
94894	**4920120**	**686126**	**10911**	**5999524**	**46024084**
38644	2682831	458173	6214	2899268	25043209
12442	481574	90083	1865	545067	6816040
41934	1397111	102130	1592	2152085	6718028
894884	**27822056**	**4070819**	**22411**	**37768071**	**428783850**
31678	432208	11736	809	607775	4995002
35441	2402887	114648	1718	2945263	49860435
34283	2285241	114217	1577	2809120	47135724
273457	11408006	3166624	3099	17953278	158122461
138940	1938373	235765	759	3775340	26991053
122617	9340345	2925043	2279	14036254	130762965
11900	129288	5816	61	141685	368444
1439	158495	2272	247	235651	4745750
22385	906463	38565	904	1107437	19353509
371428	6936545	370034	7029	8555120	84583953
395	110977		258	127297	2103545
7910	123614	9096	339	160975	1266757
132297	3443447	238060	1464	4278974	34893928
7203	461792	21208	929	601365	6666428
64543	4016830	133748	6067	4342195	74671615
2838	209024	2688	664	242580	3334166
3950	955395	3746	1764	1129016	16769545
42136	1494254	9837	1461	1522650	31510862
17137	1065042	213317	1807	1309143	27542440
77376	495580	19877	731	712208	4908686
13415	**2026847**	**332244**	**2027**	**2578316**	**65934923**
1782	954051	198535	621	1312785	49121239
518	372201	3088	618	426332	8712884
1869	181673	16344	400	248909	4948500
1188	53908	350	87	68859	717920
39787	**1457850**	**98922**	**4350**	**1926724**	**12693784**
19825	626568	43012	1672	873614	5754976
17670	402446	33389	772	615376	3798601
543	97630	2290	439	115459	1409270
10026	516176	25130	1859	591138	4577925
3530	120410	18201	374	156153	1446658
270	**16167**	**231**	**71**	**37300**	**250406**

2-1-2 续表 2

行 业	Industry	#出口 Exports
合计	**Total**	**229974233**
医药制造业	**Manufacture of Medicines**	**6662772**
#化学药品制造	Manufacture of Chemical Medicine	4621378
中成药生产	Manufacture of Finished Traditional Chinese Herbal Medicine	119796
生物药品制品制造	Manufacture of Biopharmaceutical Products	1014194
电子及通信设备制造业	**Manufacture of Electronic Equipment and Communication Equipment**	**171712384**
电子工业专用设备制造	Manufacture of Special Equipment for Electronic Industry	664205
光纤光缆及锂离子电池制造	Manufacture of Optical Fiber and Cable, and Lithium Ion Battery	10738577
#锂离子电池制造	Manufacture of Lithium Ion Batteries	10268298
#通信设备、雷达及配套设备制造	Manufacture of Communication Equipment, Radar and Matching Equipment	73243807
#通信系统设备制造	Manufacture of Communication System Equipment	6249717
通信终端设备制造	Manufacture of Communication Terminal Equipment	66994090
雷达及配套设备制造	Manufacture of Radar and Related Equipment	
广播电视设备制造	Manufacture of Broadcasting and TV Equipment	3256492
非专业视听设备制造	Manufacture of Non-professional Audio-visual Equipment	7070297
电子器件制造	Manufacture of Electronic Appliances	29992523
#电子真空器件制造	Manufacture of Electronic Vacuum Appliances	1607343
半导体分立器件制造	Manufacture of Semiconductor Discreting Appliances	241761
集成电路制造	Manufacture of Integrate Circuit	5713427
光电子器件制造	Manufacture of Optoelectronic Devices	2825852
电子元件及电子专用材料制造	Manufacture of Electronic Components and Electronic Specialized Materials	28833313
#电阻电容电感元件制造	Manufacture of Resistance, Capacitance and Inductance Components	1644164
电子电路制造	Manufacture of Electronic Circuit	11656825
电子专用材料制造	Manufacture of Electronic Specialized Materials	2926433
智能消费设备制造	Manufacturing of Intelligent Consumption Equipment	16402662
其他电子设备制造	Other Electronic Equipment	1510507
计算机及办公设备制造业	**Manufacture of Computers and Office Equipments**	**48789398**
#计算机整机制造	Manufacture of Entired Computer	37225425
计算机零部件制造	Manufacture of Parts and Fixture for Computer	7610196
计算机外围设备制造	Manufacture of Computer Peripheral Equipment	3002172
办公设备制造	Manufacture of Office Equipment	429637
医疗仪器设备及仪器仪表制造业	**Manufacture of Medical Equipments and Meters**	**2290788**
#医疗仪器设备及器械制造	Manufacture of Medical Equipment and Appliances	1355111
#医疗诊断、监护及治疗设备制造	Manufacture of Medical Diagnosis, Monitoring and Treatment Equipment	985509
医疗、外科及兽医用器械制造	Manufacture of Medical, Surgical and Veterinary Instruments	282244
通用仪器仪表制造	Manufacture of General Instruments	362767
专用仪器仪表制造	Manufacture of Special Instruments	358694
信息化学品制造业	**Manufacture of Electronic Chemicals**	**129830**

continued

专利申请数 (件) Patent Applications (unit)		有效发明专利数 (件) Number of Patents In Force (unit)	引进技术经费支出 (万元) Expenditure for Acquisition of Foreign Technology (10000 yuan)	消化吸收经费支出 (万元) Expenditure for Assimilation of Technology (10000 yuan)	购买境内技术经费支出 (万元) Expenditure for Purchase of Domestic Technology (10000 yuan)
	#发明专利 Invention Patents				
180034	**128388**	**479451**	**587112**	**137578**	**1873407**
6957	**5009**	**19231**	**92023**	**5710**	**264824**
2957	2495	9898	70506	1575	233994
1225	748	5130			2725
1861	1429	2447	1259	4136	23634
148389	**108456**	**405739**	**364630**	**131797**	**1436167**
4130	1407	6047			6340
17630	9790	10938	29653	130778	285343
17055	9474	9658	27318	130778	285343
65020	58666	256871	183136		1000903
14109	12494	82859			410
50699	46021	173353	183136		1000492
212	151	659			
617	254	1018	1675		
4944	2658	10556	27288	1019	17995
31381	23944	87217	87639		52457
332	81	156			
392	240	798			422
11184	9797	25465	64510		30706
2858	1074	4081	1246		
12080	6383	19794	32387		69938
1095	438	1225			7369
2312	1200	3338	24388		49822
2953	1656	4139			2219
8855	3404	7123	2851		2826
3732	1950	6175			366
6559	**4338**	**24515**	**5639**		**7179**
3676	2789	15615	498		1669
896	464	2030	2820		
1156	587	2880			923
167	94	2080	114		
11363	**5871**	**14456**	**22358**		**17584**
5171	2697	8069			5
3655	2125	6384			
478	170	690			5
3610	1783	3630	12406		9024
1067	617	1147			2422
48	**27**	**90**			

2-1-2 续表 3

行　业	Industry	技术改造经费支出(万元) Expenditure for Technical Renovation (10000 yuan)
合计	**Total**	**5478507**
医药制造业	**Manufacture of Medicines**	**536576**
#化学药品制造	Manufacture of Chemical Medicine	378247
中成药生产	Manufacture of Finished Traditional Chinese Herbal Medicine	43872
生物药品制品制造	Manufacture of Biopharmaceutical Products	37658
电子及通信设备制造业	**Manufacture of Electronic Equipment and Communication Equipment**	**3868262**
电子工业专用设备制造	Manufacture of Special Equipment for Electronic Industry	29371
光纤光缆及锂离子电池制造	Manufacture of Optical Fiber and Cable, and Lithium Ion Battery	913682
#锂离子电池制造	Manufacture of Lithium Ion Batteries	908011
#通信设备、雷达及配套设备制造	Manufacture of Communication Equipment, Radar and Matching Equipment	672972
#通信系统设备制造	Manufacture of Communication System Equipment	15175
通信终端设备制造	Manufacture of Communication Terminal Equipment	648889
雷达及配套设备制造	Manufacture of Radar and Related Equipment	8909
广播电视设备制造	Manufacture of Broadcasting and TV Equipment	39732
非专业视听设备制造	Manufacture of Non-professional Audio-visual Equipment	149384
电子器件制造	Manufacture of Electronic Appliances	993470
#电子真空器件制造	Manufacture of Electronic Vacuum Appliances	16855
半导体分立器件制造	Manufacture of Semiconductor Discreting Appliances	38245
集成电路制造	Manufacture of Integrate Circuit	220026
光电子器件制造	Manufacture of Optoelectronic Devices	17540
电子元件及电子专用材料制造	Manufacture of Electronic Components and Electronic Specialized Materials	951683
#电阻电容电感元件制造	Manufacture of Resistance, Capacitance and Inductance Components	202145
电子电路制造	Manufacture of Electronic Circuit	352183
电子专用材料制造	Manufacture of Electronic Specialized Materials	104391
智能消费设备制造	Manufacturing of Intelligent Consumption Equipment	103369
其他电子设备制造	Other Electronic Equipment	14599
计算机及办公设备制造业	**Manufacture of Computers and Office Equipments**	**328988**
#计算机整机制造	Manufacture of Entired Computer	245595
计算机零部件制造	Manufacture of Parts and Fixture for Computer	33621
计算机外围设备制造	Manufacture of Computer Peripheral Equipment	25407
办公设备制造	Manufacture of Office Equipment	2399
医疗仪器设备及仪器仪表制造业	**Manufacture of Medical Equipments and Meters**	**86812**
#医疗仪器设备及器械制造	Manufacture of Medical Equipment and Appliances	18463
#医疗诊断、监护及治疗设备制造	Manufacture of Medical Diagnosis, Monitoring and Treatment Equipment	12053
医疗、外科及兽医用器械制造	Manufacture of Medical, Surgical and Veterinary Instruments	2228
通用仪器仪表制造	Manufacture of General Instruments	27430
专用仪器仪表制造	Manufacture of Special Instruments	18725
信息化学品制造业	**Manufacture of Electronic Chemicals**	**7342**

continued

有研发机构的企业数（个）Number of Enterprises with R&D Institutions (unit)	机构数（个）R&D Institutions (unit)	机构人员（人）Personnel in R&D Institutions (person)	机构经费支出（万元）Expenditure in R&D Institutions (10000 yuan)	#仪器设备 Equipment
1284	**2259**	**640517**	**33601244**	**21894234**
224	**442**	**70157**	**5205875**	**3100928**
117	232	39285	2837454	2070431
42	84	9616	576498	258647
39	78	15176	1561662	628936
824	**1395**	**466562**	**24131437**	**15142973**
31	58	18811	560051	143397
73	151	46059	2622695	1242571
70	138	44965	2530142	1208069
109	235	161524	9596737	3745809
33	57	75129	3928521	1356060
73	165	84428	5534863	2212176
3	13	1967	133353	177573
10	10	4444	189947	129180
47	80	24467	1155827	248893
214	335	95143	4958641	6760216
8	11	1489	47268	34026
7	12	1959	54529	72875
47	75	17963	1604297	3439628
35	53	12298	403758	322464
258	386	80683	3299397	2351077
27	36	5011	166657	258537
86	124	26375	726236	846299
54	85	11652	1229217	616107
53	79	24068	1126188	368852
29	61	11363	621954	152979
89	**150**	**39118**	**1662752**	**606070**
12	17	11554	722515	123515
42	55	11045	382169	164347
16	28	6680	202768	134374
9	19	2204	69076	26037
91	**172**	**36288**	**1539677**	**860349**
35	54	13447	719973	302032
15	24	7956	506855	132975
12	20	2764	85381	82251
32	68	11799	432947	209332
9	25	3926	123835	111111
2	**2**	**633**	**8293**	**4335**

2-1-3 按行业分中型企业高技术产业研发相关情况(2022年)

行 业	Industry	有R&D活动的企业数(个) Number of Enterprises Having R&D Activities (unit)
合计	**Total**	**4997**
医药制造业	**Manufacture of Medicines**	**1115**
#化学药品制造	Manufacture of Chemical Medicine	488
中成药生产	Manufacture of Finished Traditional Chinese Herbal Medicine	247
生物药品制品制造	Manufacture of Biopharmaceutical Products	168
电子及通信设备制造业	**Manufacture of Electronic Equipment and Communication Equipment**	**2673**
电子工业专用设备制造	Manufacture of Special Equipment for Electronic Industry	122
光纤光缆及锂离子电池制造	Manufacture of Optical Fiber and Cable, and Lithium Ion Battery	205
#锂离子电池制造	Manufacture of Lithium Ion Batteries	175
#通信设备、雷达及配套设备制造	Manufacture of Communication Equipment, Radar and Matching Equipment	263
#通信系统设备制造	Manufacture of Communication System Equipment	136
通信终端设备制造	Manufacture of Communication Terminal Equipment	108
雷达及配套设备制造	Manufacture of Radar and Related Equipment	19
广播电视设备制造	Manufacture of Broadcasting and TV Equipment	63
非专业视听设备制造	Manufacture of Non-professional Audio-visual Equipment	115
电子器件制造	Manufacture of Electronic Appliances	580
#电子真空器件制造	Manufacture of Electronic Vacuum Appliances	45
半导体分立器件制造	Manufacture of Semiconductor Discreting Appliances	57
集成电路制造	Manufacture of Integrate Circuit	120
光电子器件制造	Manufacture of Optoelectronic Devices	133
电子元件及电子专用材料制造	Manufacture of Electronic Components and Electronic Specialized Materials	1036
#电阻电容电感元件制造	Manufacture of Resistance, Capacitance and Inductance Components	140
电子电路制造	Manufacture of Electronic Circuit	241
电子专用材料制造	Manufacture of Electronic Specialized Materials	252
智能消费设备制造	Manufacturing of Intelligent Consumption Equipment	147
其他电子设备制造	Other Electronic Equipment	142
计算机及办公设备制造业	**Manufacture of Computers and Office Equipments**	**325**
#计算机整机制造	Manufacture of Entired Computer	22
计算机零部件制造	Manufacture of Parts and Fixture for Computer	135
计算机外围设备制造	Manufacture of Computer Peripheral Equipment	90
办公设备制造	Manufacture of Office Equipment	32
医疗仪器设备及仪器仪表制造业	**Manufacture of Medical Equipments and Meters**	**758**
#医疗仪器设备及器械制造	Manufacture of Medical Equipment and Appliances	289
#医疗诊断、监护及治疗设备制造	Manufacture of Medical Diagnosis, Monitoring and Treatment Equipment	90
医疗、外科及兽医用器械制造	Manufacture of Medical, Surgical and Veterinary Instruments	94
通用仪器仪表制造	Manufacture of General Instruments	307
专用仪器仪表制造	Manufacture of Special Instruments	93
信息化学品制造业	**Manufacture of Electronic Chemicals**	**17**

R&D Statistics on High-tech Industry of Medium-sized Enterprises by Industrial Sector (2022)

R&D人员 (人) R&D Personnel (person)	#全时人员 Full-time Personnel	#研究人员 Researchers	R&D人员折合全时当量 (人年) Full-time Equivalent (man-year)	R&D经费内部支出 (万元) Intramural Expenditure on R&D (10000 yuan)	#人员劳务费 Labor Cost
402304	**301687**	**133211**	**286119**	**13230739**	**4932338**
79550	**58503**	**30679**	**54615**	**3066456**	**887327**
36357	26993	14162	25098	1345363	395831
14132	9183	5081	9552	395741	118167
15987	12631	7255	10822	970293	248066
214528	**160022**	**63385**	**154378**	**7140984**	**2636439**
10688	8031	3468	7862	333140	137741
16603	12623	5233	10641	679710	166800
14062	10966	4377	8950	558899	145289
26492	21180	10051	19794	796802	401797
14707	11942	6083	11311	429218	232182
9049	7130	2706	6563	271044	125457
2736	2108	1262	1920	96541	44158
6053	4454	2116	4747	163008	94350
7751	5892	2051	5454	207323	81326
49582	37410	16701	36080	1878268	754211
2973	2274	857	1900	88458	32302
4517	3243	1523	3430	162156	56892
15656	12017	7011	11649	849852	378898
9888	7581	2971	7317	307405	110598
71258	50786	15765	51105	2417174	669276
8504	5842	1850	6197	193261	74103
16658	12038	2723	12198	388891	140231
18830	12913	5079	12993	1210918	179158
13914	10613	4610	10299	364530	187969
12187	9033	3390	8396	301027	142969
30848	**23292**	**9071**	**22363**	**813885**	**387512**
3006	2297	1408	2134	121477	67293
10303	7433	1821	7645	232018	91389
8530	6449	2382	6118	228249	101322
3079	2459	1139	2305	68918	41361
64764	**50266**	**24700**	**46127**	**1807202**	**900326**
23152	18185	8832	16318	767583	352374
9806	8236	4306	6888	373492	179060
5944	4451	1929	4386	148954	66485
28034	21637	10515	20074	702954	378869
8854	6998	3672	6370	212737	113892
1105	**655**	**317**	**797**	**44983**	**11730**

2-1-3 续表 1

行 业	Industry	#仪器和设备 Equipment
合计	**Total**	**941909**
医药制造业	**Manufacture of Medicines**	**248346**
#化学药品制造	Manufacture of Chemical Medicine	117602
中成药生产	Manufacture of Finished Traditional Chinese Herbal Medicine	16642
生物药品制品制造	Manufacture of Biopharmaceutical Products	87558
电子及通信设备制造业	**Manufacture of Electronic Equipment and Communication Equipment**	**530182**
电子工业专用设备制造	Manufacture of Special Equipment for Electronic Industry	30713
光纤光缆及锂离子电池制造	Manufacture of Optical Fiber and Cable, and Lithium Ion Battery	64770
#锂离子电池制造	Manufacture of Lithium Ion Batteries	59475
#通信设备、雷达及配套设备制造	Manufacture of Communication Equipment, Radar and Matching Equipment	43016
#通信系统设备制造	Manufacture of Communication System Equipment	18937
通信终端设备制造	Manufacture of Communication Terminal Equipment	21848
雷达及配套设备制造	Manufacture of Radar and Related Equipment	2232
广播电视设备制造	Manufacture of Broadcasting and TV Equipment	4995
非专业视听设备制造	Manufacture of Non-professional Audio-visual Equipment	4651
电子器件制造	Manufacture of Electronic Appliances	181741
#电子真空器件制造	Manufacture of Electronic Vacuum Appliances	6155
半导体分立器件制造	Manufacture of Semiconductor Discreting Appliances	28232
集成电路制造	Manufacture of Integrate Circuit	99898
光电子器件制造	Manufacture of Optoelectronic Devices	23994
电子元件及电子专用材料制造	Manufacture of Electronic Components and Electronic Specialized Materials	162732
#电阻电容电感元件制造	Manufacture of Resistance, Capacitance and Inductance Components	11751
电子电路制造	Manufacture of Electronic Circuit	28819
电子专用材料制造	Manufacture of Electronic Specialized Materials	91046
智能消费设备制造	Manufacturing of Intelligent Consumption Equipment	15471
其他电子设备制造	Other Electronic Equipment	22093
计算机及办公设备制造业	**Manufacture of Computers and Office Equipments**	**25498**
#计算机整机制造	Manufacture of Entired Computer	3017
计算机零部件制造	Manufacture of Parts and Fixture for Computer	8509
计算机外围设备制造	Manufacture of Computer Peripheral Equipment	5126
办公设备制造	Manufacture of Office Equipment	1881
医疗仪器设备及仪器仪表制造业	**Manufacture of Medical Equipments and Meters**	**88085**
#医疗仪器设备及器械制造	Manufacture of Medical Equipment and Appliances	34393
#医疗诊断、监护及治疗设备制造	Manufacture of Medical Diagnosis, Monitoring and Treatment Equipment	12927
医疗、外科及兽医用器械制造	Manufacture of Medical, Surgical and Veterinary Instruments	9996
通用仪器仪表制造	Manufacture of General Instruments	28091
专用仪器仪表制造	Manufacture of Special Instruments	11714
信息化学品制造业	**Manufacture of Electronic Chemicals**	**3455**

continued

#政府资金 Government Funds	#企业资金 Self-raised Funds by Enterprises	R&D经费外部支出(万元) External Expenditure on R&D (10000 yuan)	新产品开发项目数(项) New Products (item)	新产品开发经费支出(万元) Expenditure on New Products Development (10000 yuan)	新产品销售收入(万元) Sales Revenue of New Products (10000 yuan)
448092	**12745347**	**1136849**	**61928**	**17331244**	**167287310**
69250	**2984050**	**615143**	**17837**	**3703024**	**31329213**
34401	1301100	321310	8681	1598669	14908465
8964	386771	94321	3527	474310	6413254
18751	951195	180797	2798	1165231	5390243
283035	**6840230**	**360340**	**27890**	**9524550**	**102542128**
24398	308742	8784	1425	483281	3752418
4887	674624	45062	1988	848947	11194858
4478	554223	40392	1686	720455	9352345
20774	775403	30421	3061	1083359	13917281
5424	423559	25278	1776	579739	10009514
4473	266180	2847	1038	376955	3631552
10876	85665	2296	247	126665	276215
4340	158150	598	786	259060	3142845
1426	205649	10806	1107	320638	5442205
163579	1712926	202557	6284	2490947	17149140
2994	85464	1538	353	94080	1071052
4104	158052	3969	532	234418	1607794
92652	756741	174931	1631	1169992	4383645
19015	288360	4987	1440	390225	3992856
46187	2369120	42804	9712	3023649	39173495
6936	186216	6496	1318	241805	2407025
3585	385007	2240	2024	507223	7241524
28068	1182685	13148	2730	1454589	20381357
4000	352675	13700	1736	584726	5549625
13446	282940	5608	1791	429944	3220263
11483	**800234**	**59838**	**3623**	**1075190**	**12974296**
7443	114033	18626	239	153844	1603613
227	231688	6498	959	271825	4166269
818	225894	5572	1067	296800	3416764
896	67588	3014	271	92339	537238
55684	**1748687**	**68205**	**10729**	**2499686**	**17686031**
16166	751409	37831	4238	1067728	5581761
7034	366458	18944	1469	480347	1885691
2009	146946	9115	1254	229548	1748269
22201	678094	18632	4440	936609	8867633
12149	200424	6687	1346	294945	1945692
	44983	**340**	**214**	**72221**	**1208151**

2-1-3 续表 2

行 业	Industry	#出口 Exports
合计	**Total**	**31190851**
医药制造业	**Manufacture of Medicines**	**3512608**
#化学药品制造	Manufacture of Chemical Medicine	1989981
中成药生产	Manufacture of Finished Traditional Chinese Herbal Medicine	44627
生物药品制品制造	Manufacture of Biopharmaceutical Products	868425
电子及通信设备制造业	**Manufacture of Electronic Equipment and Communication Equipment**	**21326251**
电子工业专用设备制造	Manufacture of Special Equipment for Electronic Industry	243322
光纤光缆及锂离子电池制造	Manufacture of Optical Fiber and Cable, and Lithium Ion Battery	1186588
#锂离子电池制造	Manufacture of Lithium Ion Batteries	1023487
#通信设备、雷达及配套设备制造	Manufacture of Communication Equipment, Radar and Matching Equipment	2560456
#通信系统设备制造	Manufacture of Communication System Equipment	1892120
通信终端设备制造	Manufacture of Communication Terminal Equipment	661941
雷达及配套设备制造	Manufacture of Radar and Related Equipment	6394
广播电视设备制造	Manufacture of Broadcasting and TV Equipment	1035074
非专业视听设备制造	Manufacture of Non-professional Audio-visual Equipment	2730784
电子器件制造	Manufacture of Electronic Appliances	4553532
#电子真空器件制造	Manufacture of Electronic Vacuum Appliances	116346
半导体分立器件制造	Manufacture of Semiconductor Discreting Appliances	372600
集成电路制造	Manufacture of Integrate Circuit	1266092
光电子器件制造	Manufacture of Optoelectronic Devices	943292
电子元件及电子专用材料制造	Manufacture of Electronic Components and Electronic Specialized Materials	6388740
#电阻电容电感元件制造	Manufacture of Resistance, Capacitance and Inductance Components	395018
电子电路制造	Manufacture of Electronic Circuit	1437067
电子专用材料制造	Manufacture of Electronic Specialized Materials	2008625
智能消费设备制造	Manufacturing of Intelligent Consumption Equipment	1937427
其他电子设备制造	Other Electronic Equipment	690328
计算机及办公设备制造业	**Manufacture of Computers and Office Equipments**	**2916372**
#计算机整机制造	Manufacture of Entired Computer	290278
计算机零部件制造	Manufacture of Parts and Fixture for Computer	1444394
计算机外围设备制造	Manufacture of Computer Peripheral Equipment	731781
办公设备制造	Manufacture of Office Equipment	102274
医疗仪器设备及仪器仪表制造业	**Manufacture of Medical Equipments and Meters**	**3179130**
#医疗仪器设备及器械制造	Manufacture of Medical Equipment and Appliances	1453392
#医疗诊断、监护及治疗设备制造	Manufacture of Medical Diagnosis, Monitoring and Treatment Equipment	404801
医疗、外科及兽医用器械制造	Manufacture of Medical, Surgical and Veterinary Instruments	347875
通用仪器仪表制造	Manufacture of General Instruments	1090794
专用仪器仪表制造	Manufacture of Special Instruments	404050
信息化学品制造业	**Manufacture of Electronic Chemicals**	**178177**

continued

专利申请数 (件) Patent Applications (unit)	#发明专利 Invention Patents	有效发明专利数 (件) Number of Patents In Force (unit)	引进技术经费支出 (万元) Expenditure for Acquisition of Foreign Technology (10000 yuan)	消化吸收经费支出 (万元) Expenditure for Assimilation of Technology (10000 yuan)	购买境内技术经费支出 (万元) Expenditure for Purchase of Domestic Technology (10000 yuan)
97472	**44665**	**133690**	**45277**	**12239**	**298767**
7989	**4640**	**23526**	**21626**	**476**	**126541**
2919	1951	10700	5649		25983
1259	714	4851	153		26388
1844	1245	4612	15577	476	62200
59600	**28294**	**72305**	**19616**	**11762**	**26582**
3438	1668	3342	2912	2160	198
5404	1886	3687		1003	2950
4973	1699	2943		1003	2380
5228	2829	13520	531		2497
2770	1571	5276	496		955
1935	834	6862	35		1542
523	424	1382			
2268	898	2822			300
1872	661	2013		490	141
17659	11032	23504	9510	8098	8577
4057	3416	4526			77
860	444	1006	83		592
5405	3958	9519	8513	8098	3208
2503	1101	3560	5		1699
13886	5574	15561	6201	12	10120
1526	586	1632	950		2023
2240	789	3240	2795		1794
4163	2305	5437	372		5334
5820	2335	4763	462		1257
4025	1411	3093			543
6727	**1941**	**10376**	**1376**		**2911**
845	544	579			
2879	258	4720	1017		1549
1619	480	2200	359		1362
356	138	1065			
20488	**8292**	**22240**	**2250**		**17250**
7986	3086	8158	226		3047
2986	1373	2863	162		
1710	562	2175			60
8540	3512	9860	2025		8627
2331	953	2660			722
309	**187**	**619**			**70**

2-1-3 续表 3

行 业	Industry	技术改造经费支出(万元) Expenditure for Technical Renovation (10000 yuan)
合计	**Total**	**1835466**
医药制造业	**Manufacture of Medicines**	**566131**
#化学药品制造	Manufacture of Chemical Medicine	336604
中成药生产	Manufacture of Finished Traditional Chinese Herbal Medicine	75478
生物药品制品制造	Manufacture of Biopharmaceutical Products	63295
电子及通信设备制造业	**Manufacture of Electronic Equipment and Communication Equipment**	**1062796**
电子工业专用设备制造	Manufacture of Special Equipment for Electronic Industry	18234
光纤光缆及锂离子电池制造	Manufacture of Optical Fiber and Cable, and Lithium Ion Battery	67777
#锂离子电池制造	Manufacture of Lithium Ion Batteries	55973
#通信设备、雷达及配套设备制造	Manufacture of Communication Equipment, Radar and Matching Equipment	68405
#通信系统设备制造	Manufacture of Communication System Equipment	31603
通信终端设备制造	Manufacture of Communication Terminal Equipment	36261
雷达及配套设备制造	Manufacture of Radar and Related Equipment	542
广播电视设备制造	Manufacture of Broadcasting and TV Equipment	10343
非专业视听设备制造	Manufacture of Non-professional Audio-visual Equipment	14212
电子器件制造	Manufacture of Electronic Appliances	381576
#电子真空器件制造	Manufacture of Electronic Vacuum Appliances	4038
半导体分立器件制造	Manufacture of Semiconductor Discreting Appliances	56258
集成电路制造	Manufacture of Integrate Circuit	203165
光电子器件制造	Manufacture of Optoelectronic Devices	25283
电子元件及电子专用材料制造	Manufacture of Electronic Components and Electronic Specialized Materials	446806
#电阻电容电感元件制造	Manufacture of Resistance, Capacitance and Inductance Components	35939
电子电路制造	Manufacture of Electronic Circuit	95196
电子专用材料制造	Manufacture of Electronic Specialized Materials	189165
智能消费设备制造	Manufacturing of Intelligent Consumption Equipment	35382
其他电子设备制造	Other Electronic Equipment	20061
计算机及办公设备制造业	**Manufacture of Computers and Office Equipments**	**36106**
#计算机整机制造	Manufacture of Entired Computer	1098
计算机零部件制造	Manufacture of Parts and Fixture for Computer	14616
计算机外围设备制造	Manufacture of Computer Peripheral Equipment	14096
办公设备制造	Manufacture of Office Equipment	323
医疗仪器设备及仪器仪表制造业	**Manufacture of Medical Equipments and Meters**	**123554**
#医疗仪器设备及器械制造	Manufacture of Medical Equipment and Appliances	33214
#医疗诊断、监护及治疗设备制造	Manufacture of Medical Diagnosis, Monitoring and Treatment Equipment	15654
医疗、外科及兽医用器械制造	Manufacture of Medical, Surgical and Veterinary Instruments	9289
通用仪器仪表制造	Manufacture of General Instruments	57274
专用仪器仪表制造	Manufacture of Special Instruments	11030
信息化学品制造业	**Manufacture of Electronic Chemicals**	**5397**

continued

有研发机构的企业数（个）Number of Enterprises with R&D Institutions (unit)	机构数（个）R&D Institutions (unit)	机构人员（人）Personnel in R&D Institutions (person)	机构经费支出（万元）Expenditure in R&D Institutions (10000 yuan)	#仪器设备 Equipment
3795	**4939**	**337878**	**12827179**	**8450254**
828	**1149**	**66092**	**3293577**	**2454646**
362	504	30725	1599374	1183835
190	264	12338	468231	342461
111	151	12513	891629	650105
2098	**2638**	**183412**	**6645662**	**4356662**
91	148	9495	289640	110059
155	190	13752	537981	310302
137	160	12407	464285	253516
204	282	24503	837844	360208
106	161	13702	477815	187199
86	104	8223	281066	136247
12	17	2578	78964	36762
54	65	5987	220453	220019
109	127	8523	259849	114986
439	564	39140	1559624	1364571
33	36	2213	66494	37055
44	51	3745	108168	139707
72	110	10975	607048	495003
106	146	8242	312394	255097
814	966	57992	2224447	1595126
109	125	6708	174007	141954
203	236	14497	369038	443346
189	247	14279	1061604	613246
121	155	13286	407845	166190
111	141	10734	307980	115202
245	**289**	**23119**	**779897**	**258656**
18	19	2221	109746	23068
93	101	6190	174525	100512
81	102	7909	265372	84637
21	21	1941	48260	7486
551	**760**	**56824**	**1846358**	**869720**
197	271	17944	711794	244819
61	84	7460	318538	94022
67	83	4846	186635	77874
235	320	25829	762862	358939
67	97	7868	219464	119919
11	**13**	**905**	**40633**	**35508**

2-1-4 按行业分国有及国有控股企业高技术产业研发相关情况(2021年)

行 业	Industry	有R&D活动的企业数(个) Number of Enterprises Having R&D Activities (unit)
合计	**Total**	**1526**
医药制造业	**Manufacture of Medicines**	**385**
#化学药品制造	Manufacture of Chemical Medicine	159
中成药生产	Manufacture of Finished Traditional Chinese Herbal Medicine	110
生物药品制品制造	Manufacture of Biopharmaceutical Products	44
电子及通信设备制造业	**Manufacture of Electronic Equipment and Communication Equipment**	**677**
电子工业专用设备制造	Manufacture of Special Equipment for Electronic Industry	42
光纤光缆及锂离子电池制造	Manufacture of Optical Fiber and Cable, and Lithium Ion Battery	57
#锂离子电池制造	Manufacture of Lithium Ion Batteries	34
#通信设备、雷达及配套设备制造	Manufacture of Communication Equipment, Radar and Matching Equipment	108
#通信系统设备制造	Manufacture of Communication System Equipment	55
通信终端设备制造	Manufacture of Communication Terminal Equipment	31
雷达及配套设备制造	Manufacture of Radar and Related Equipment	22
广播电视设备制造	Manufacture of Broadcasting and TV Equipment	15
非专业视听设备制造	Manufacture of Non-professional Audio-visual Equipment	18
电子器件制造	Manufacture of Electronic Appliances	213
#电子真空器件制造	Manufacture of Electronic Vacuum Appliances	12
半导体分立器件制造	Manufacture of Semiconductor Discreting Appliances	18
集成电路制造	Manufacture of Integrate Circuit	69
光电子器件制造	Manufacture of Optoelectronic Devices	27
电子元件及电子专用材料制造	Manufacture of Electronic Components and Electronic Specialized Materials	183
#电阻电容电感元件制造	Manufacture of Resistance, Capacitance and Inductance Components	23
电子电路制造	Manufacture of Electronic Circuit	18
电子专用材料制造	Manufacture of Electronic Specialized Materials	100
智能消费设备制造	Manufacturing of Intelligent Consumption Equipment	10
其他电子设备制造	Other Electronic Equipment	31
计算机及办公设备制造业	**Manufacture of Computers and Office Equipments**	**69**
#计算机整机制造	Manufacture of Entired Computer	20
计算机零部件制造	Manufacture of Parts and Fixture for Computer	7
计算机外围设备制造	Manufacture of Computer Peripheral Equipment	13
办公设备制造	Manufacture of Office Equipment	11
医疗仪器设备及仪器仪表制造业	**Manufacture of Medical Equipments and Meters**	**211**
#医疗仪器设备及器械制造	Manufacture of Medical Equipment and Appliances	22
#医疗诊断、监护及治疗设备制造	Manufacture of Medical Diagnosis, Monitoring and Treatment Equipment	6
医疗、外科及兽医用器械制造	Manufacture of Medical, Surgical and Veterinary Instruments	5
通用仪器仪表制造	Manufacture of General Instruments	107
专用仪器仪表制造	Manufacture of Special Instruments	53
信息化学品制造业	**Manufacture of Electronic Chemicals**	**9**

R&D Statistics on High-tech Industry of State-owned and State-controlled Enterprises by Industrial Sector (2021)

R&D人员 (人) R&D Personnel (person)	#全时人员 Full-time Personnel	#研究人员 Researchers	R&D人员折合全时当量 (人年) Full-time Equivalent (man-year)	R&D经费内部支出 (万元) Intramural Expenditure on R&D (10000 yuan)	#人员劳务费 Labor Cost
242674	**187366**	**110107**	**179118**	**12065669**	**4227744**
26338	**18845**	**10687**	**18890**	**1044408**	**299266**
11323	7902	4427	7960	365096	122078
7083	4883	3031	5125	189391	72039
4541	3577	2201	3412	394272	76518
129866	**100993**	**56952**	**96228**	**7195308**	**2569936**
3954	3164	1856	2974	147814	48474
4378	3450	1794	2927	281610	58588
2917	2357	1191	1802	186680	41580
35237	25121	18579	23999	1694855	850929
23535	15419	13034	15067	1037248	570439
6299	5393	3061	5339	443961	209556
5403	4309	2484	3593	213645	70935
1480	1152	554	1172	43934	20634
12627	10219	4898	10022	578048	227691
48737	40281	19652	38406	3258537	1006285
1068	770	488	548	33837	13085
1207	648	551	733	79321	19958
11737	9975	5436	8504	1622841	368516
1771	1389	796	1322	78234	27882
17906	13205	7092	12754	860563	251890
1445	896	586	964	39500	15919
3476	2556	957	2713	132575	46589
6140	3956	2106	4053	455563	68044
759	662	307	600	31967	9616
4788	3739	2220	3375	297981	95829
17186	**14539**	**8795**	**13853**	**702040**	**406688**
4641	4147	2520	4171	296767	143673
749	648	257	647	21666	7515
2561	2056	1107	1513	48622	25849
1611	1335	789	1351	48802	27901
16715	**13539**	**8056**	**11634**	**608695**	**299161**
1600	1151	733	1193	49140	19538
215	189	102	157	8700	4343
275	145	95	203	5238	2962
8852	7174	4139	6339	339729	202823
2865	2294	1434	2073	90709	34239
961	**620**	**490**	**712**	**25883**	**11624**

2-1-4 续表 1

行 业	Industry	#仪器和设备 Equipment
合计	**Total**	**1387106**
医药制造业	**Manufacture of Medicines**	**93301**
#化学药品制造	Manufacture of Chemical Medicine	21875
中成药生产	Manufacture of Finished Traditional Chinese Herbal Medicine	10350
生物药品制品制造	Manufacture of Biopharmaceutical Products	50248
电子及通信设备制造业	**Manufacture of Electronic Equipment and Communication Equipment**	**1042484**
电子工业专用设备制造	Manufacture of Special Equipment for Electronic Industry	17854
光纤光缆及锂离子电池制造	Manufacture of Optical Fiber and Cable, and Lithium Ion Battery	22976
#锂离子电池制造	Manufacture of Lithium Ion Batteries	17316
#通信设备、雷达及配套设备制造	Manufacture of Communication Equipment, Radar and Matching Equipment	48683
#通信系统设备制造	Manufacture of Communication System Equipment	21507
通信终端设备制造	Manufacture of Communication Terminal Equipment	17785
雷达及配套设备制造	Manufacture of Radar and Related Equipment	9391
广播电视设备制造	Manufacture of Broadcasting and TV Equipment	5304
非专业视听设备制造	Manufacture of Non-professional Audio-visual Equipment	21013
电子器件制造	Manufacture of Electronic Appliances	861573
#电子真空器件制造	Manufacture of Electronic Vacuum Appliances	1768
半导体分立器件制造	Manufacture of Semiconductor Discreting Appliances	26590
集成电路制造	Manufacture of Integrate Circuit	700570
光电子器件制造	Manufacture of Optoelectronic Devices	11362
电子元件及电子专用材料制造	Manufacture of Electronic Components and Electronic Specialized Materials	60758
#电阻电容电感元件制造	Manufacture of Resistance, Capacitance and Inductance Components	1527
电子电路制造	Manufacture of Electronic Circuit	25811
电子专用材料制造	Manufacture of Electronic Specialized Materials	22190
智能消费设备制造	Manufacturing of Intelligent Consumption Equipment	128
其他电子设备制造	Other Electronic Equipment	4196
计算机及办公设备制造业	**Manufacture of Computers and Office Equipments**	**30080**
#计算机整机制造	Manufacture of Entired Computer	20410
计算机零部件制造	Manufacture of Parts and Fixture for Computer	136
计算机外围设备制造	Manufacture of Computer Peripheral Equipment	93
办公设备制造	Manufacture of Office Equipment	603
医疗仪器设备及仪器仪表制造业	**Manufacture of Medical Equipments and Meters**	**42432**
#医疗仪器设备及器械制造	Manufacture of Medical Equipment and Appliances	1643
#医疗诊断、监护及治疗设备制造	Manufacture of Medical Diagnosis, Monitoring and Treatment Equipment	121
医疗、外科及兽医用器械制造	Manufacture of Medical, Surgical and Veterinary Instruments	39
通用仪器仪表制造	Manufacture of General Instruments	12391
专用仪器仪表制造	Manufacture of Special Instruments	8200
信息化学品制造业	**Manufacture of Electronic Chemicals**	**2823**

continued

#政府资金 Government Funds	#企业资金 Self-raised Funds by Enterprises	R&D经费外部支出（万元） External Expenditure on R&D (10000 yuan)	新产品开发项目数（项） New Products (item)	新产品开发经费支出（万元） Expenditure on New Products Development (10000 yuan)	新产品销售收入（万元） Sales Revenue of New Products (10000 yuan)
1990240	**10055863**	**1537596**	**25755**	**15059326**	**122625546**
33875	**1010420**	**205076**	**5508**	**1341595**	**11788843**
8332	356764	78873	2433	441949	5189481
7193	182198	51318	1753	229891	3698692
15078	379194	64866	617	552237	1517819
564661	**6627040**	**800699**	**11367**	**9172281**	**74359344**
32732	115082	545	427	192564	924604
4123	277487	3614	520	334369	5876732
2199	184481	432	304	220388	3891204
166404	1528031	556618	1976	2704043	23813925
139833	897415	16976	881	1980799	12800410
3721	439850	532397	737	494016	10374824
22850	190766	7245	358	229229	638691
4281	39654	69	196	49971	298662
22467	555165	16318	528	649360	11992401
209036	3047214	184159	4489	3735709	19784121
2374	31463	191	181	47720	683866
6521	72800	8604	151	88458	400599
61620	1560087	110245	1252	1865265	2890335
1997	76238	9191	323	125669	779342
44280	816012	36556	2603	1040914	9628025
7100	32363	6813	408	59708	258169
2076	130499	3132	363	159354	1185915
27893	427436	2199	900	546905	5577708
1805	30162	1180	148	53088	591807
79534	218233	1641	480	412263	1449067
19506	**682534**	**103714**	**1080**	**815173**	**9326092**
8312	288455	90892	205	317377	6675817
30	21636	802	101	48056	269601
56	48567	3830	235	66414	243556
1188	47614	527	98	55411	324454
39312	**569113**	**50723**	**4044**	**736958**	**3909428**
1427	47713	1280	318	60325	242631
973	7728	318	63	16246	15660
42	5196	29	79	6246	34600
16483	323178	27788	2340	424005	2728708
10464	80158	18438	801	111186	356124
335	**25548**	**356**	**84**	**46756**	**426191**

2-1-4 续表 2

行 业	Industry	#出口 Exports
合计	**Total**	**18595799**
医药制造业	**Manufacture of Medicines**	**905579**
#化学药品制造	Manufacture of Chemical Medicine	690794
中成药生产	Manufacture of Finished Traditional Chinese Herbal Medicine	19265
生物药品制品制造	Manufacture of Biopharmaceutical Products	63943
电子及通信设备制造业	**Manufacture of Electronic Equipment and Communication Equipment**	**15909011**
电子工业专用设备制造	Manufacture of Special Equipment for Electronic Industry	64238
光纤光缆及锂离子电池制造	Manufacture of Optical Fiber and Cable, and Lithium Ion Battery	1316509
#锂离子电池制造	Manufacture of Lithium Ion Batteries	833516
#通信设备、雷达及配套设备制造	Manufacture of Communication Equipment, Radar and Matching Equipment	4537476
#通信系统设备制造	Manufacture of Communication System Equipment	3689902
通信终端设备制造	Manufacture of Communication Terminal Equipment	842170
雷达及配套设备制造	Manufacture of Radar and Related Equipment	5404
广播电视设备制造	Manufacture of Broadcasting and TV Equipment	38947
非专业视听设备制造	Manufacture of Non-professional Audio-visual Equipment	2822412
电子器件制造	Manufacture of Electronic Appliances	5871209
#电子真空器件制造	Manufacture of Electronic Vacuum Appliances	19267
半导体分立器件制造	Manufacture of Semiconductor Discreting Appliances	32065
集成电路制造	Manufacture of Integrate Circuit	568971
光电子器件制造	Manufacture of Optoelectronic Devices	66597
电子元件及电子专用材料制造	Manufacture of Electronic Components and Electronic Specialized Materials	1161335
#电阻电容电感元件制造	Manufacture of Resistance, Capacitance and Inductance Components	15552
电子电路制造	Manufacture of Electronic Circuit	440585
电子专用材料制造	Manufacture of Electronic Specialized Materials	534029
智能消费设备制造	Manufacturing of Intelligent Consumption Equipment	35240
其他电子设备制造	Other Electronic Equipment	61646
计算机及办公设备制造业	**Manufacture of Computers and Office Equipments**	**1081589**
#计算机整机制造	Manufacture of Entired Computer	735365
计算机零部件制造	Manufacture of Parts and Fixture for Computer	149903
计算机外围设备制造	Manufacture of Computer Peripheral Equipment	33096
办公设备制造	Manufacture of Office Equipment	89398
医疗仪器设备及仪器仪表制造业	**Manufacture of Medical Equipments and Meters**	**121377**
#医疗仪器设备及器械制造	Manufacture of Medical Equipment and Appliances	16961
#医疗诊断、监护及治疗设备制造	Manufacture of Medical Diagnosis, Monitoring and Treatment Equipment	
医疗、外科及兽医用器械制造	Manufacture of Medical, Surgical and Veterinary Instruments	1045
通用仪器仪表制造	Manufacture of General Instruments	57482
专用仪器仪表制造	Manufacture of Special Instruments	343
信息化学品制造业	**Manufacture of Electronic Chemicals**	**138754**

continued

专利申请数 (件) Patent Applications (unit)	#发明专利 Invention Patents	有效发明专利数 (件) Number of Patents In Force (unit)	引进技术经费支出 (万元) Expenditure for Acquisition of Foreign Technology (10000 yuan)	消化吸收经费支出 (万元) Expenditure for Assimilation of Technology (10000 yuan)	购买境内技术经费支出 (万元) Expenditure for Purchase of Domestic Technology (10000 yuan)
64733	**47337**	**185206**	**163725**	**5226**	**365089**
2970	**1540**	**7918**	**19709**	**4136**	**48144**
1091	537	3388	1888		19714
927	455	2716			9085
502	355	908	313	4136	13637
45205	**35658**	**144284**	**41354**	**1019**	**37671**
956	626	3427			980
1217	578	1583	2335		
699	308	516			
16589	15047	76941			375
9594	9156	69760			375
6511	5559	5844			
484	332	1337			
216	126	425	1675		
3246	2010	8750	2445	1019	2850
17710	13956	42239	34187		25991
3782	3371	4193			77
327	213	770			115
4873	4041	10527	17053		13785
565	335	1229			
3536	2078	6947	712		7428
480	212	615			7069
333	193	492			
1295	842	2742			359
352	254	396			47
1383	983	3576			
2037	**1162**	**5112**			**509**
685	489	1660			473
114	34	89			
396	106	723			
260	104	772			
5293	**2836**	**7480**			**5686**
693	192	623			47
132	110	221			
51	3	102			47
2742	1478	3957			5545
1223	771	1779			
166	**111**	**393**			

2-1-4 续表 3

行　业	Industry	技术改造经费支出（万元）Expenditure for Technical Renovation (10000 yuan)
合计	**Total**	**1475054**
医药制造业	**Manufacture of Medicines**	**176437**
#化学药品制造	Manufacture of Chemical Medicine	78121
中成药生产	Manufacture of Finished Traditional Chinese Herbal Medicine	28405
生物药品制品制造	Manufacture of Biopharmaceutical Products	14557
电子及通信设备制造业	**Manufacture of Electronic Equipment and Communication Equipment**	**567241**
电子工业专用设备制造	Manufacture of Special Equipment for Electronic Industry	13892
光纤光缆及锂离子电池制造	Manufacture of Optical Fiber and Cable, and Lithium Ion Battery	9160
#锂离子电池制造	Manufacture of Lithium Ion Batteries	5596
#通信设备、雷达及配套设备制造	Manufacture of Communication Equipment, Radar and Matching Equipment	17922
#通信系统设备制造	Manufacture of Communication System Equipment	6125
通信终端设备制造	Manufacture of Communication Terminal Equipment	2347
雷达及配套设备制造	Manufacture of Radar and Related Equipment	9450
广播电视设备制造	Manufacture of Broadcasting and TV Equipment	4369
非专业视听设备制造	Manufacture of Non-professional Audio-visual Equipment	111388
电子器件制造	Manufacture of Electronic Appliances	260248
#电子真空器件制造	Manufacture of Electronic Vacuum Appliances	12239
半导体分立器件制造	Manufacture of Semiconductor Discreting Appliances	4396
集成电路制造	Manufacture of Integrate Circuit	140451
光电子器件制造	Manufacture of Optoelectronic Devices	11399
电子元件及电子专用材料制造	Manufacture of Electronic Components and Electronic Specialized Materials	148803
#电阻电容电感元件制造	Manufacture of Resistance, Capacitance and Inductance Components	19116
电子电路制造	Manufacture of Electronic Circuit	20702
电子专用材料制造	Manufacture of Electronic Specialized Materials	78057
智能消费设备制造	Manufacturing of Intelligent Consumption Equipment	48
其他电子设备制造	Other Electronic Equipment	1412
计算机及办公设备制造业	**Manufacture of Computers and Office Equipments**	**1543**
#计算机整机制造	Manufacture of Entired Computer	1434
计算机零部件制造	Manufacture of Parts and Fixture for Computer	109
计算机外围设备制造	Manufacture of Computer Peripheral Equipment	
办公设备制造	Manufacture of Office Equipment	
医疗仪器设备及仪器仪表制造业	**Manufacture of Medical Equipments and Meters**	**31025**
#医疗仪器设备及器械制造	Manufacture of Medical Equipment and Appliances	2621
#医疗诊断、监护及治疗设备制造	Manufacture of Medical Diagnosis, Monitoring and Treatment Equipment	89
医疗、外科及兽医用器械制造	Manufacture of Medical, Surgical and Veterinary Instruments	47
通用仪器仪表制造	Manufacture of General Instruments	22205
专用仪器仪表制造	Manufacture of Special Instruments	5618
信息化学品制造业	**Manufacture of Electronic Chemicals**	**7444**

continued

有研发机构的企业数（个） Number of Enterprises with R&D Institutions (unit)	机构数（个） R&D Institutions (unit)	机构人员（人） Personnel in R&D Institutions (person)	机构经费支出（万元） Expenditure in R&D Institutions (10000 yuan)	#仪器设备 Equipment
974	**1534**	**211334**	**11214090**	**9494369**
266	**372**	**22157**	**1283387**	**845182**
117	152	8957	435061	350800
76	119	6366	265137	155606
30	46	3926	479661	228200
431	**686**	**127109**	**7466786**	**5506821**
28	42	3577	109264	85381
35	63	4957	226078	117950
22	37	3686	123268	36346
67	124	52983	3076175	1103020
33	69	43263	1821486	731334
21	28	5703	1071373	151105
13	27	4017	183316	220581
8	9	837	23136	9464
19	31	13016	699986	74485
133	238	35045	2326646	3416635
5	8	699	22779	7449
15	17	1121	31921	42368
34	70	7045	924110	2207265
20	46	1347	46666	76059
118	153	12523	602037	627000
16	21	966	49412	61417
16	20	2122	67796	166919
63	82	3718	370567	292277
8	8	645	32473	12148
15	18	3526	370991	60738
51	**88**	**14493**	**701988**	**207115**
13	23	3733	329424	76032
5	11	1222	39203	29865
13	13	3455	76020	24961
8	18	1532	55311	12210
114	**202**	**12992**	**508947**	**366148**
12	14	1486	48547	36385
4	6	357	11884	1306
5	5	265	6169	1745
68	115	7350	303798	145746
17	30	1891	70860	99926
6	**7**	**884**	**16679**	**14779**

2-1-5 按行业分内资企业高技术产业研发相关情况(2022年)

行 业	Industry	有R&D活动的企业数(个) Number of Enterprises Having R&D Activities (unit)
合计	**Total**	**24871**
医药制造业	**Manufacture of Medicines**	**5029**
#化学药品制造	Manufacture of Chemical Medicine	1649
中成药生产	Manufacture of Finished Traditional Chinese Herbal Medicine	921
生物药品制品制造	Manufacture of Biopharmaceutical Products	674
电子及通信设备制造业	**Manufacture of Electronic Equipment and Communication Equipment**	**12795**
电子工业专用设备制造	Manufacture of Special Equipment for Electronic Industry	1049
光纤光缆及锂离子电池制造	Manufacture of Optical Fiber and Cable, and Lithium Ion Battery	1012
#锂离子电池制造	Manufacture of Lithium Ion Batteries	808
#通信设备、雷达及配套设备制造	Manufacture of Communication Equipment, Radar and Matching Equipment	1249
#通信系统设备制造	Manufacture of Communication System Equipment	659
通信终端设备制造	Manufacture of Communication Terminal Equipment	499
雷达及配套设备制造	Manufacture of Radar and Related Equipment	91
广播电视设备制造	Manufacture of Broadcasting and TV Equipment	292
非专业视听设备制造	Manufacture of Non-professional Audio-visual Equipment	476
电子器件制造	Manufacture of Electronic Appliances	2853
#电子真空器件制造	Manufacture of Electronic Vacuum Appliances	229
半导体分立器件制造	Manufacture of Semiconductor Discreting Appliances	246
集成电路制造	Manufacture of Integrate Circuit	625
光电子器件制造	Manufacture of Optoelectronic Devices	516
电子元件及电子专用材料制造	Manufacture of Electronic Components and Electronic Specialized Materials	4259
#电阻电容电感元件制造	Manufacture of Resistance, Capacitance and Inductance Components	549
电子电路制造	Manufacture of Electronic Circuit	779
电子专用材料制造	Manufacture of Electronic Specialized Materials	1295
智能消费设备制造	Manufacturing of Intelligent Consumption Equipment	861
其他电子设备制造	Other Electronic Equipment	744
计算机及办公设备制造业	**Manufacture of Computers and Office Equipments**	**1308**
#计算机整机制造	Manufacture of Entired Computer	151
计算机零部件制造	Manufacture of Parts and Fixture for Computer	402
计算机外围设备制造	Manufacture of Computer Peripheral Equipment	345
办公设备制造	Manufacture of Office Equipment	120
医疗仪器设备及仪器仪表制造业	**Manufacture of Medical Equipments and Meters**	**5192**
#医疗仪器设备及器械制造	Manufacture of Medical Equipment and Appliances	1627
#医疗诊断、监护及治疗设备制造	Manufacture of Medical Diagnosis, Monitoring and Treatment Equipment	529
医疗、外科及兽医用器械制造	Manufacture of Medical, Surgical and Veterinary Instruments	438
通用仪器仪表制造	Manufacture of General Instruments	2417
专用仪器仪表制造	Manufacture of Special Instruments	716
信息化学品制造业	**Manufacture of Electronic Chemicals**	**85**

R&D Statistics on High-tech Industry of Domestic Funded Enterprises by Industrial Sector(2022)

R&D人员 (人) R&D Personnel (person)	#全时人员 Full-time Personnel	#研究人员 Researchers	R&D人员折合全时当量 (人年) Full-time Equivalent (man-year)	R&D经费内部支出 (万元) Intramural Expenditure on R&D (10000 yuan)	#人员劳务费 Labor Cost
1309529	**1023966**	**454161**	**966509**	**50518918**	**19510892**
200385	**147490**	**73436**	**138610**	**7486824**	**1964197**
89102	66146	33812	61126	3577524	928539
36585	25174	12994	24855	980202	293391
30997	24437	13397	22039	1759385	408394
797185	**633380**	**260888**	**602620**	**33480131**	**13472218**
42980	33824	15343	30293	1187079	530195
66195	52246	19843	44235	3017770	871435
59697	47728	17872	39773	2740799	827293
222695	188680	88949	186517	11192102	5996076
59891	45410	27010	44945	1992897	1064752
154705	136810	58345	136067	8911166	4826153
8099	6460	3594	5505	288039	105172
13024	9973	3928	10164	357352	180835
26560	20657	8412	20230	872149	347343
166214	132730	55870	124159	8037735	2697388
8898	7165	2109	6815	255452	93635
10058	7044	3207	7084	314474	106034
48166	39188	19524	35243	3580711	1132891
22673	17913	7115	16734	770233	273610
179024	133761	43487	129128	6444820	1789565
18057	12594	4643	13023	427345	156446
36477	27443	6988	26739	836198	334069
49031	33441	13291	33155	3178378	438641
46519	35559	13904	33350	1350068	605075
33974	25950	11152	24543	1021056	454305
76000	**60784**	**26526**	**55617**	**2253378**	**1135982**
12662	10997	5165	9829	616179	267501
16330	11087	2650	10799	357806	127394
17110	13813	5814	12372	442636	189873
6097	4988	2226	4753	147421	83229
172461	**134481**	**64109**	**123450**	**4445346**	**2184267**
54092	42675	19985	38740	1504358	669356
24622	20548	10851	17677	789448	371227
13501	10183	4091	9881	318164	130152
78921	60858	28636	56881	1964845	1055221
25354	20019	10230	18315	618984	310789
3260	**2146**	**1031**	**2427**	**84931**	**26976**

2-1-5 续表 1

行 业	Industry	#仪器和设备 Equipment
合计	**Total**	**3526910**
医药制造业	**Manufacture of Medicines**	**585157**
#化学药品制造	Manufacture of Chemical Medicine	290118
中成药生产	Manufacture of Finished Traditional Chinese Herbal Medicine	43229
生物药品制品制造	Manufacture of Biopharmaceutical Products	172562
电子及通信设备制造业	**Manufacture of Electronic Equipment and Communication Equipment**	**2422744**
电子工业专用设备制造	Manufacture of Special Equipment for Electronic Industry	86811
光纤光缆及锂离子电池制造	Manufacture of Optical Fiber and Cable, and Lithium Ion Battery	308940
#锂离子电池制造	Manufacture of Lithium Ion Batteries	301561
#通信设备、雷达及配套设备制造	Manufacture of Communication Equipment, Radar and Matching Equipment	197858
#通信系统设备制造	Manufacture of Communication System Equipment	59431
通信终端设备制造	Manufacture of Communication Terminal Equipment	123901
雷达及配套设备制造	Manufacture of Radar and Related Equipment	14526
广播电视设备制造	Manufacture of Broadcasting and TV Equipment	12001
非专业视听设备制造	Manufacture of Non-professional Audio-visual Equipment	27785
电子器件制造	Manufacture of Electronic Appliances	1241746
#电子真空器件制造	Manufacture of Electronic Vacuum Appliances	16763
半导体分立器件制造	Manufacture of Semiconductor Discreting Appliances	62719
集成电路制造	Manufacture of Integrate Circuit	854056
光电子器件制造	Manufacture of Optoelectronic Devices	104912
电子元件及电子专用材料制造	Manufacture of Electronic Components and Electronic Specialized Materials	465843
#电阻电容电感元件制造	Manufacture of Resistance, Capacitance and Inductance Components	23604
电子电路制造	Manufacture of Electronic Circuit	83016
电子专用材料制造	Manufacture of Electronic Specialized Materials	241018
智能消费设备制造	Manufacturing of Intelligent Consumption Equipment	50138
其他电子设备制造	Other Electronic Equipment	31624
计算机及办公设备制造业	**Manufacture of Computers and Office Equipments**	**86051**
#计算机整机制造	Manufacture of Entired Computer	29921
计算机零部件制造	Manufacture of Parts and Fixture for Computer	16911
计算机外围设备制造	Manufacture of Computer Peripheral Equipment	8458
办公设备制造	Manufacture of Office Equipment	2872
医疗仪器设备及仪器仪表制造业	**Manufacture of Medical Equipments and Meters**	**215936**
#医疗仪器设备及器械制造	Manufacture of Medical Equipment and Appliances	66543
#医疗诊断、监护及治疗设备制造	Manufacture of Medical Diagnosis, Monitoring and Treatment Equipment	29988
医疗、外科及兽医用器械制造	Manufacture of Medical, Surgical and Veterinary Instruments	17722
通用仪器仪表制造	Manufacture of General Instruments	71190
专用仪器仪表制造	Manufacture of Special Instruments	36990
信息化学品制造业	**Manufacture of Electronic Chemicals**	**3570**

continued

#政府资金 Government Funds	#企业资金 Self-raised Funds by Enterprises	R&D经费外部支出(万元) External Expenditure on R&D (10000 yuan)	新产品开发项目数(项) New Products (item)	新产品开发经费支出(万元) Expenditure on New Products Development (10000 yuan)	新产品销售收入(万元) Sales Revenue of New Products (10000 yuan)
2820851	**47628402**	**6422145**	**220213**	**66854776**	**594879786**
163154	**7312923**	**1181696**	**48541**	**9141398**	**80196523**
62021	3507132	655972	20633	3935788	39212154
28091	951823	220303	8723	1176103	14834100
53735	1703951	223336	7450	2583608	9626477
1149860	**32314967**	**4311084**	**107267**	**44997159**	**414235254**
77565	1109511	33054	8439	1688625	12077345
34729	2982857	153730	7543	3694733	57986303
32224	2708391	147655	6109	3370282	53096388
295311	10896032	3205676	12732	17147649	92672691
149221	1843599	236512	6514	3628380	25356993
121796	8788725	2960457	5262	13179268	66367406
24294	263707	8707	956	340001	948292
6212	350598	4876	2427	578094	8658962
22728	848798	28834	4259	1181121	17623802
468087	7565102	546000	26520	9917475	80075248
3621	251690	1838	1551	283839	3820843
16365	297901	13871	1989	444982	2835620
149220	3429838	405125	6977	4523417	30074703
27749	742419	25762	4448	1040955	8896251
136886	6306208	178443	30969	7492396	108397915
12075	415208	13048	3675	512324	5267926
6051	829713	8631	5986	1073032	13908175
89047	3088434	32652	8996	3486128	59246927
23885	1319614	134331	7963	1885185	25590160
84458	936248	26140	6415	1411881	11152828
29736	**2199437**	**283962**	**12853**	**3062523**	**34274422**
10721	581640	210441	1752	727658	14262720
1065	356404	8822	2894	493011	6780457
2937	439699	32340	3547	710719	6856928
2344	145027	3719	978	201485	1085041
134777	**4306762**	**250633**	**44890**	**6207729**	**39670335**
41839	1462254	108167	15538	2156423	11369199
30165	759256	69075	6073	1096829	4194678
4380	313693	16553	3774	462202	3698483
52852	1908917	82902	19903	2637009	20823185
26217	592435	37090	6174	901266	4769540
639	**84292**	**1929**	**599**	**142474**	**2295078**

2-1-5 续表 2

行 业	Industry	#出口 Exports
合计	**Total**	**117982126**
医药制造业	**Manufacture of Medicines**	**8554575**
#化学药品制造	Manufacture of Chemical Medicine	5610824
中成药生产	Manufacture of Finished Traditional Chinese Herbal Medicine	135974
生物药品制品制造	Manufacture of Biopharmaceutical Products	1453162
电子及通信设备制造业	**Manufacture of Electronic Equipment and Communication Equipment**	**92086597**
电子工业专用设备制造	Manufacture of Special Equipment for Electronic Industry	1227682
光纤光缆及锂离子电池制造	Manufacture of Optical Fiber and Cable, and Lithium Ion Battery	7950294
#锂离子电池制造	Manufacture of Lithium Ion Batteries	7705858
#通信设备、雷达及配套设备制造	Manufacture of Communication Equipment, Radar and Matching Equipment	19204684
#通信系统设备制造	Manufacture of Communication System Equipment	6099329
通信终端设备制造	Manufacture of Communication Terminal Equipment	13094201
雷达及配套设备制造	Manufacture of Radar and Related Equipment	11154
广播电视设备制造	Manufacture of Broadcasting and TV Equipment	4337281
非专业视听设备制造	Manufacture of Non-professional Audio-visual Equipment	5763618
电子器件制造	Manufacture of Electronic Appliances	17699730
#电子真空器件制造	Manufacture of Electronic Vacuum Appliances	1732472
半导体分立器件制造	Manufacture of Semiconductor Discreting Appliances	322540
集成电路制造	Manufacture of Integrate Circuit	4033830
光电子器件制造	Manufacture of Optoelectronic Devices	1967958
电子元件及电子专用材料制造	Manufacture of Electronic Components and Electronic Specialized Materials	21067166
#电阻电容电感元件制造	Manufacture of Resistance, Capacitance and Inductance Components	567696
电子电路制造	Manufacture of Electronic Circuit	4695903
电子专用材料制造	Manufacture of Electronic Specialized Materials	4179576
智能消费设备制造	Manufacturing of Intelligent Consumption Equipment	12946381
其他电子设备制造	Other Electronic Equipment	1889761
计算机及办公设备制造业	**Manufacture of Computers and Office Equipments**	**11316691**
#计算机整机制造	Manufacture of Entired Computer	5479025
计算机零部件制造	Manufacture of Parts and Fixture for Computer	3440073
计算机外围设备制造	Manufacture of Computer Peripheral Equipment	1686977
办公设备制造	Manufacture of Office Equipment	224981
医疗仪器设备及仪器仪表制造业	**Manufacture of Medical Equipments and Meters**	**5221345**
#医疗仪器设备及器械制造	Manufacture of Medical Equipment and Appliances	2201542
#医疗诊断、监护及治疗设备制造	Manufacture of Medical Diagnosis, Monitoring and Treatment Equipment	607447
医疗、外科及兽医用器械制造	Manufacture of Medical, Surgical and Veterinary Instruments	716588
通用仪器仪表制造	Manufacture of General Instruments	1796655
专用仪器仪表制造	Manufacture of Special Instruments	830726
信息化学品制造业	**Manufacture of Electronic Chemicals**	**316363**

continued

专利申请数 (件) Patent Applications (unit)	#发明专利 Invention Patents	有效发明专利数 (件) Number of Patents In Force (unit)	引进技术经费支出 (万元) Expenditure for Acquisition of Foreign Technology (10000 yuan)	消化吸收经费支出 (万元) Expenditure for Assimilation of Technology (10000 yuan)	购买境内技术经费支出 (万元) Expenditure for Purchase of Domestic Technology (10000 yuan)
374322	**192447**	**685832**	**533028**	**148315**	**1899045**
27800	**12500**	**62049**	**93375**	**5725**	**234492**
9210	4702	24935	58925	1589	101392
4384	1825	13847	153		34171
5002	2993	10389	13786	4136	71999
256000	**144495**	**506196**	**322052**	**141996**	**1376974**
15757	5621	23977	3500	2162	9401
25639	11154	17490	26400	130063	240206
23765	10516	14651	26400	130063	239537
72265	60668	264410	176925		993483
18256	13624	83244	45		2025
52840	46376	178953	176879		991422
1169	668	2213			37
4312	1461	5283	2274		867
7979	3041	12465	3611	1509	3463
59114	35852	104469	81246	8129	58996
5247	3716	5760			541
2542	1142	3020	83		1252
17875	13325	25396	60062	8098	29609
7990	3148	10498	1254	15	2526
40334	15866	49476	20161	133	63345
4083	1397	5362			8122
6025	2002	6981	11508	121	33716
12362	6245	16479	387		10626
18609	6472	15313	3314		5372
11991	4360	13313	4622		1842
16887	**6495**	**24156**	**3667**	**8**	**20177**
3308	1831	4840	170		7161
2978	679	2683	1017		2337
5292	1786	6032	273	8	2911
1131	338	3806			115
61342	**21714**	**68661**	**10596**	**515**	**38686**
21318	7195	23766	3154	500	7243
8927	3835	11085	2065	500	1951
4124	1199	5085	1024		1698
27139	9473	30015	603		25105
8389	3288	9207		15	1772
791	**284**	**1198**			**70**

2-1-5 续表 3

行 业	Industry	技术改造经费支出(万元) Expenditure for Technical Renovation (10000 yuan)
合计	**Total**	**5727447**
医药制造业	**Manufacture of Medicines**	**1079571**
#化学药品制造	Manufacture of Chemical Medicine	607596
中成药生产	Manufacture of Finished Traditional Chinese Herbal Medicine	123175
生物药品制品制造	Manufacture of Biopharmaceutical Products	102941
电子及通信设备制造业	**Manufacture of Electronic Equipment and Communication Equipment**	**3577373**
电子工业专用设备制造	Manufacture of Special Equipment for Electronic Industry	71949
光纤光缆及锂离子电池制造	Manufacture of Optical Fiber and Cable, and Lithium Ion Battery	909990
#锂离子电池制造	Manufacture of Lithium Ion Batteries	884513
#通信设备、雷达及配套设备制造	Manufacture of Communication Equipment, Radar and Matching Equipment	287661
#通信系统设备制造	Manufacture of Communication System Equipment	42957
通信终端设备制造	Manufacture of Communication Terminal Equipment	233651
雷达及配套设备制造	Manufacture of Radar and Related Equipment	11053
广播电视设备制造	Manufacture of Broadcasting and TV Equipment	39661
非专业视听设备制造	Manufacture of Non-professional Audio-visual Equipment	130760
电子器件制造	Manufacture of Electronic Appliances	837462
#电子真空器件制造	Manufacture of Electronic Vacuum Appliances	23224
半导体分立器件制造	Manufacture of Semiconductor Discreting Appliances	74823
集成电路制造	Manufacture of Integrate Circuit	303857
光电子器件制造	Manufacture of Optoelectronic Devices	43909
电子元件及电子专用材料制造	Manufacture of Electronic Components and Electronic Specialized Materials	1120801
#电阻电容电感元件制造	Manufacture of Resistance, Capacitance and Inductance Components	174516
电子电路制造	Manufacture of Electronic Circuit	253358
电子专用材料制造	Manufacture of Electronic Specialized Materials	325159
智能消费设备制造	Manufacturing of Intelligent Consumption Equipment	126539
其他电子设备制造	Other Electronic Equipment	52550
计算机及办公设备制造业	**Manufacture of Computers and Office Equipments**	**103615**
#计算机整机制造	Manufacture of Entired Computer	18416
计算机零部件制造	Manufacture of Parts and Fixture for Computer	22080
计算机外围设备制造	Manufacture of Computer Peripheral Equipment	36171
办公设备制造	Manufacture of Office Equipment	1212
医疗仪器设备及仪器仪表制造业	**Manufacture of Medical Equipments and Meters**	**280225**
#医疗仪器设备及器械制造	Manufacture of Medical Equipment and Appliances	54597
#医疗诊断、监护及治疗设备制造	Manufacture of Medical Diagnosis, Monitoring and Treatment Equipment	21241
医疗、外科及兽医用器械制造	Manufacture of Medical, Surgical and Veterinary Instruments	15507
通用仪器仪表制造	Manufacture of General Instruments	132431
专用仪器仪表制造	Manufacture of Special Instruments	48987
信息化学品制造业	**Manufacture of Electronic Chemicals**	**15021**

continued

有研发机构的企业数（个）Number of Enterprises with R&D Institutions (unit)	机构数（个）R&D Institutions (unit)	机构人员（人）Personnel in R&D Institutions (person)	机构经费支出（万元）Expenditure in R&D Institutions (10000 yuan)	#仪器设备 Equipment
18814	**21882**	**1031833**	**44363922**	**28006380**
3347	**4088**	**158108**	**7649973**	**5310598**
1184	1482	73083	3802283	2831126
576	722	27772	1072418	725081
423	534	26519	1836451	1074139
10470	**11956**	**627691**	**28634248**	**16814899**
776	879	39724	1194538	433403
856	995	63293	2999363	1453892
699	810	59226	2812096	1274885
995	1267	143111	8411050	2847012
523	638	78571	3395402	1437339
412	549	58177	4742447	1153866
60	80	6363	273202	255807
258	283	13687	470686	268014
476	526	29435	1116843	263090
2320	2697	123545	6048596	6924648
191	200	5029	133567	84013
180	217	7494	201912	234388
438	547	27594	1979611	3110335
407	510	21629	712058	672977
3446	3800	142588	5633915	3781620
440	473	13314	371948	288237
704	761	28333	724515	811445
937	1075	35337	2665090	1702123
692	768	41482	1595090	487777
651	741	30826	1164166	355444
1187	**1350**	**65003**	**2321017**	**834694**
148	163	12019	742529	147405
340	363	11368	338671	169942
341	387	18728	543801	245775
103	118	4422	131059	39328
3514	**4089**	**139572**	**4272530**	**2217872**
1067	1217	40725	1423489	630799
350	404	17595	701484	245323
275	308	9941	322323	181021
1664	1955	65801	1889007	923911
489	582	20919	616485	378805
63	**79**	**2577**	**78718**	**70561**

2-1-6 按行业分港澳台投资企业高技术产业研发相关情况(2022年)

行 业	Industry	有R&D活动的企业数(个) Number of Enterprises Having R&D Activities (unit)
合计	**Total**	**1669**
医药制造业	**Manufacture of Medicines**	**238**
#化学药品制造	Manufacture of Chemical Medicine	93
中成药生产	Manufacture of Finished Traditional Chinese Herbal Medicine	45
生物药品制品制造	Manufacture of Biopharmaceutical Products	55
电子及通信设备制造业	**Manufacture of Electronic Equipment and Communication Equipment**	**1025**
电子工业专用设备制造	Manufacture of Special Equipment for Electronic Industry	50
光纤光缆及锂离子电池制造	Manufacture of Optical Fiber and Cable, and Lithium Ion Battery	47
#锂离子电池制造	Manufacture of Lithium Ion Batteries	40
#通信设备、雷达及配套设备制造	Manufacture of Communication Equipment, Radar and Matching Equipment	74
#通信系统设备制造	Manufacture of Communication System Equipment	32
通信终端设备制造	Manufacture of Communication Terminal Equipment	40
雷达及配套设备制造	Manufacture of Radar and Related Equipment	2
广播电视设备制造	Manufacture of Broadcasting and TV Equipment	21
非专业视听设备制造	Manufacture of Non-professional Audio-visual Equipment	60
电子器件制造	Manufacture of Electronic Appliances	242
#电子真空器件制造	Manufacture of Electronic Vacuum Appliances	19
半导体分立器件制造	Manufacture of Semiconductor Discreting Appliances	17
集成电路制造	Manufacture of Integrate Circuit	66
光电子器件制造	Manufacture of Optoelectronic Devices	41
电子元件及电子专用材料制造	Manufacture of Electronic Components and Electronic Specialized Materials	431
#电阻电容电感元件制造	Manufacture of Resistance, Capacitance and Inductance Components	76
电子电路制造	Manufacture of Electronic Circuit	119
电子专用材料制造	Manufacture of Electronic Specialized Materials	63
智能消费设备制造	Manufacturing of Intelligent Consumption Equipment	51
其他电子设备制造	Other Electronic Equipment	49
计算机及办公设备制造业	**Manufacture of Computers and Office Equipments**	**154**
#计算机整机制造	Manufacture of Entired Computer	17
计算机零部件制造	Manufacture of Parts and Fixture for Computer	64
计算机外围设备制造	Manufacture of Computer Peripheral Equipment	39
办公设备制造	Manufacture of Office Equipment	16
医疗仪器设备及仪器仪表制造业	**Manufacture of Medical Equipments and Meters**	**237**
#医疗仪器设备及器械制造	Manufacture of Medical Equipment and Appliances	114
#医疗诊断、监护及治疗设备制造	Manufacture of Medical Diagnosis, Monitoring and Treatment Equipment	28
医疗、外科及兽医用器械制造	Manufacture of Medical, Surgical and Veterinary Instruments	36
通用仪器仪表制造	Manufacture of General Instruments	73
专用仪器仪表制造	Manufacture of Special Instruments	20
信息化学品制造业	**Manufacture of Electronic Chemicals**	**3**

R&D Statistics on High-tech Industry of Enterprises with Funds from Hong Kong, Macau and Taiwan by Industrial Sector (2022)

R&D人员 (人) R&D Personnel (person)	#全时人员 Full-time Personnel	#研究人员 Researchers	R&D人员折合全时当量 (人年) Full-time Equivalent (man-year)	R&D经费内部支出 (万元) Intramural Expenditure on R&D (10000 yuan)	#人员劳务费 Labor Cost
201060	**159271**	**60575**	**152168**	**7015031**	**2739521**
24672	**18940**	**10494**	**17923**	**1568436**	**390227**
13473	10819	6081	10215	851897	232285
2783	1705	965	1951	98386	25817
5705	4442	2687	3808	541192	99589
130071	**103321**	**35044**	**101296**	**4161696**	**1801060**
2109	1560	608	1476	55410	26957
7919	6907	2441	6752	451651	203057
7716	6734	2391	6579	442075	199893
28018	23118	11047	22614	1143785	587073
9500	8316	4703	7076	497995	283935
18116	14453	6145	15158	620660	287806
402	349	199	380	25131	15332
842	684	292	691	24584	13777
8058	6845	2693	6133	263042	98954
37251	31437	7466	29792	947332	408583
611	377	76	445	19061	3740
1167	876	371	966	34074	15287
7093	5750	2821	5308	456286	212108
2723	2090	752	1933	76650	26306
35777	24802	7391	25937	990134	334571
4760	3316	838	3319	121607	41082
16357	11365	3103	12069	421324	143640
3842	2439	971	2707	191854	39080
7656	6057	2400	6194	225146	98418
2441	1911	706	1708	60613	29671
27852	**22972**	**8150**	**20454**	**636938**	**253509**
10166	8999	4739	7571	259867	99940
12922	10523	2094	9358	276571	98400
2637	1936	528	2002	51665	25642
761	519	245	504	15606	7018
16891	**12801**	**6245**	**11510**	**618741**	**276376**
8783	7123	3488	5869	375929	161943
3759	3335	1923	2533	198053	90974
1912	1428	543	1318	51102	22831
3603	2669	1341	2525	112510	66125
427	342	89	303	7454	3992
73	**64**	**27**	**48**	**3000**	**140**

2-1-6 续表 1

行业	Industry	#仪器和设备 Equipment
合计	**Total**	**448603**
医药制造业	**Manufacture of Medicines**	**88131**
#化学药品制造	Manufacture of Chemical Medicine	38419
中成药生产	Manufacture of Finished Traditional Chinese Herbal Medicine	3881
生物药品制品制造	Manufacture of Biopharmaceutical Products	43383
电子及通信设备制造业	**Manufacture of Electronic Equipment and Communication Equipment**	**306851**
电子工业专用设备制造	Manufacture of Special Equipment for Electronic Industry	358
光纤光缆及锂离子电池制造	Manufacture of Optical Fiber and Cable, and Lithium Ion Battery	88994
#锂离子电池制造	Manufacture of Lithium Ion Batteries	88992
#通信设备、雷达及配套设备制造	Manufacture of Communication Equipment, Radar and Matching Equipment	35847
#通信系统设备制造	Manufacture of Communication System Equipment	19644
通信终端设备制造	Manufacture of Communication Terminal Equipment	15647
雷达及配套设备制造	Manufacture of Radar and Related Equipment	556
广播电视设备制造	Manufacture of Broadcasting and TV Equipment	131
非专业视听设备制造	Manufacture of Non-professional Audio-visual Equipment	5085
电子器件制造	Manufacture of Electronic Appliances	85032
#电子真空器件制造	Manufacture of Electronic Vacuum Appliances	490
半导体分立器件制造	Manufacture of Semiconductor Discreting Appliances	4379
集成电路制造	Manufacture of Integrate Circuit	55810
光电子器件制造	Manufacture of Optoelectronic Devices	8784
电子元件及电子专用材料制造	Manufacture of Electronic Components and Electronic Specialized Materials	77017
#电阻电容电感元件制造	Manufacture of Resistance, Capacitance and Inductance Components	11446
电子电路制造	Manufacture of Electronic Circuit	37817
电子专用材料制造	Manufacture of Electronic Specialized Materials	10789
智能消费设备制造	Manufacturing of Intelligent Consumption Equipment	11677
其他电子设备制造	Other Electronic Equipment	2710
计算机及办公设备制造业	**Manufacture of Computers and Office Equipments**	**17187**
#计算机整机制造	Manufacture of Entired Computer	809
计算机零部件制造	Manufacture of Parts and Fixture for Computer	13393
计算机外围设备制造	Manufacture of Computer Peripheral Equipment	1448
办公设备制造	Manufacture of Office Equipment	281
医疗仪器设备及仪器仪表制造业	**Manufacture of Medical Equipments and Meters**	**36133**
#医疗仪器设备及器械制造	Manufacture of Medical Equipment and Appliances	15159
#医疗诊断、监护及治疗设备制造	Manufacture of Medical Diagnosis, Monitoring and Treatment Equipment	9537
医疗、外科及兽医用器械制造	Manufacture of Medical, Surgical and Veterinary Instruments	1841
通用仪器仪表制造	Manufacture of General Instruments	3204
专用仪器仪表制造	Manufacture of Special Instruments	137
信息化学品制造业	**Manufacture of Electronic Chemicals**	

continued

#政府资金 Government Funds	#企业资金 Self-raised Funds by Enterprises	R&D经费外部支出(万元) External Expenditure on R&D (10000 yuan)	新产品开发项目数(项) New Products (item)	新产品开发经费支出(万元) Expenditure on New Products Development (10000 yuan)	新产品销售收入(万元) Sales Revenue of New Products (10000 yuan)
120883	**6886231**	**453159**	**17642**	**9925863**	**159160978**
18507	**1549531**	**232705**	**3743**	**1855933**	**11520310**
10210	841687	160306	1845	901061	6286489
1129	97256	16588	650	109444	1531812
6653	534141	53871	732	747725	2534181
94352	**4060436**	**166832**	**9657**	**6054154**	**110504841**
1003	54407	726	263	62415	655917
7457	444193	3486	352	503071	8301474
7457	434618	3486	304	492053	8120509
9048	1134737	37828	1052	2019858	57574006
1437	496558	3918	367	846794	6907538
7611	613049	32401	674	1145418	50665963
	25131	1509	11	27647	506
	24584	21	153	36370	263328
1487	261412	1058	562	321317	7167668
70380	870897	85194	2655	1418333	16731018
	19061	318	128	22246	250700
417	33657	632	118	47758	657889
66043	384188	58305	878	774406	5758986
1325	75325	886	324	104480	992132
4342	985083	26048	3511	1302189	15774626
658	120949	2753	530	150434	1261218
2403	418905	838	1227	530781	7184563
569	191285	3588	548	307160	3132608
635	224510	9711	685	300145	3263274
	60613	2761	424	90457	773531
1041	**635379**	**38641**	**1405**	**1043806**	**31244346**
	259867	29155	276	610038	22663543
399	276069	2482	546	281346	5300177
490	51175	283	340	71243	2601893
	15287	257	97	22254	196719
6883	**611764**	**14784**	**2600**	**940899**	**5751138**
3965	371956	9675	1624	586702	3923385
220	197833	3089	348	340795	2683361
891	50211	533	504	75632	577318
1703	110807	2955	602	141454	900195
	7369	226	99	13159	100715
	3000		**22**	**4883**	**754**

2-1-6 续表 2

行 业	Industry	#出口 Exports
合计	**Total**	**94791850**
医药制造业	**Manufacture of Medicines**	**1664137**
#化学药品制造	Manufacture of Chemical Medicine	1132137
中成药生产	Manufacture of Finished Traditional Chinese Herbal Medicine	193
生物药品制品制造	Manufacture of Biopharmaceutical Products	301168
电子及通信设备制造业	**Manufacture of Electronic Equipment and Communication Equipment**	**66456079**
电子工业专用设备制造	Manufacture of Special Equipment for Electronic Industry	39380
光纤光缆及锂离子电池制造	Manufacture of Optical Fiber and Cable, and Lithium Ion Battery	3885461
#锂离子电池制造	Manufacture of Lithium Ion Batteries	3865838
#通信设备、雷达及配套设备制造	Manufacture of Communication Equipment, Radar and Matching Equipment	40100710
#通信系统设备制造	Manufacture of Communication System Equipment	569894
通信终端设备制造	Manufacture of Communication Terminal Equipment	39530310
雷达及配套设备制造	Manufacture of Radar and Related Equipment	506
广播电视设备制造	Manufacture of Broadcasting and TV Equipment	100186
非专业视听设备制造	Manufacture of Non-professional Audio-visual Equipment	3391317
电子器件制造	Manufacture of Electronic Appliances	9768277
#电子真空器件制造	Manufacture of Electronic Vacuum Appliances	52588
半导体分立器件制造	Manufacture of Semiconductor Discreting Appliances	329453
集成电路制造	Manufacture of Integrate Circuit	1873234
光电子器件制造	Manufacture of Optoelectronic Devices	500473
电子元件及电子专用材料制造	Manufacture of Electronic Components and Electronic Specialized Materials	7694378
#电阻电容电感元件制造	Manufacture of Resistance, Capacitance and Inductance Components	441967
电子电路制造	Manufacture of Electronic Circuit	4252664
电子专用材料制造	Manufacture of Electronic Specialized Materials	421163
智能消费设备制造	Manufacturing of Intelligent Consumption Equipment	1305733
其他电子设备制造	Other Electronic Equipment	170638
计算机及办公设备制造业	**Manufacture of Computers and Office Equipments**	**24867169**
#计算机整机制造	Manufacture of Entired Computer	17869994
计算机零部件制造	Manufacture of Parts and Fixture for Computer	4472728
计算机外围设备制造	Manufacture of Computer Peripheral Equipment	2097540
办公设备制造	Manufacture of Office Equipment	70553
医疗仪器设备及仪器仪表制造业	**Manufacture of Medical Equipments and Meters**	**1681969**
#医疗仪器设备及器械制造	Manufacture of Medical Equipment and Appliances	1094893
#医疗诊断、监护及治疗设备制造	Manufacture of Medical Diagnosis, Monitoring and Treatment Equipment	792646
医疗、外科及兽医用器械制造	Manufacture of Medical, Surgical and Veterinary Instruments	108802
通用仪器仪表制造	Manufacture of General Instruments	218406
专用仪器仪表制造	Manufacture of Special Instruments	23386
信息化学品制造业	**Manufacture of Electronic Chemicals**	**33**

continued

专利申请数 (件) Patent Applications (unit)	#发明专利 Invention Patents	有效发明专利数 (件) Number of Patents In Force (unit)	引进技术经费支出 (万元) Expenditure for Acquisition of Foreign Technology (10000 yuan)	消化吸收经费支出 (万元) Expenditure for Assimilation of Technology (10000 yuan)	购买境内技术经费支出 (万元) Expenditure for Purchase of Domestic Technology (10000 yuan)
31231	**16737**	**58217**	**34597**	**1194**	**205226**
2282	**1579**	**5291**	**19154**	**476**	**80682**
1129	931	2963	17050		72834
257	115	832			1581
578	448	981	2104	476	5257
19637	**10322**	**31570**	**14886**	**717**	**77799**
463	163	617			1
2350	1742	1828	918	715	50631
2276	1727	1729	918	715	50631
3364	2088	5569	6291		5792
1677	1169	3203			306
1423	665	1621	6291		5486
264	254	745			
150	55	606			302
1599	649	1613	99		14966
4523	2758	12894	5076	2	2323
123	38	154			
104	33	163			
2365	1893	8384	2107		1176
532	228	487			
3588	1319	5597	2404		3671
745	230	740			300
1118	464	2041			50
483	227	1050	372		1941
3103	1410	2379			112
497	138	467	98		2
3949	**2317**	**14679**	**359**		**88**
2496	1801	11786			
524	172	748			
597	227	1758	359		88
140	53	139			
5207	**2486**	**6504**			**247**
3412	1803	4709			247
2063	1196	2607			
477	167	1182			7
616	177	872			
113	31	225			
37	**2**	**16**			

2-1-6 续表 3

行 业	Industry	技术改造经费支出（万元） Expenditure for Technical Renovation (10000 yuan)
合计	**Total**	**1503972**
医药制造业	**Manufacture of Medicines**	**157946**
#化学药品制造	Manufacture of Chemical Medicine	131806
中成药生产	Manufacture of Finished Traditional Chinese Herbal Medicine	5644
生物药品制品制造	Manufacture of Biopharmaceutical Products	14548
电子及通信设备制造业	**Manufacture of Electronic Equipment and Communication Equipment**	**1056235**
电子工业专用设备制造	Manufacture of Special Equipment for Electronic Industry	1668
光纤光缆及锂离子电池制造	Manufacture of Optical Fiber and Cable, and Lithium Ion Battery	181660
#锂离子电池制造	Manufacture of Lithium Ion Batteries	181590
#通信设备、雷达及配套设备制造	Manufacture of Communication Equipment, Radar and Matching Equipment	309509
#通信系统设备制造	Manufacture of Communication System Equipment	343
通信终端设备制造	Manufacture of Communication Terminal Equipment	309166
雷达及配套设备制造	Manufacture of Radar and Related Equipment	
广播电视设备制造	Manufacture of Broadcasting and TV Equipment	815
非专业视听设备制造	Manufacture of Non-professional Audio-visual Equipment	22517
电子器件制造	Manufacture of Electronic Appliances	242551
#电子真空器件制造	Manufacture of Electronic Vacuum Appliances	460
半导体分立器件制造	Manufacture of Semiconductor Discreting Appliances	11571
集成电路制造	Manufacture of Integrate Circuit	41321
光电子器件制造	Manufacture of Optoelectronic Devices	3591
电子元件及电子专用材料制造	Manufacture of Electronic Components and Electronic Specialized Materials	276975
#电阻电容电感元件制造	Manufacture of Resistance, Capacitance and Inductance Components	48562
电子电路制造	Manufacture of Electronic Circuit	132192
电子专用材料制造	Manufacture of Electronic Specialized Materials	31712
智能消费设备制造	Manufacturing of Intelligent Consumption Equipment	15610
其他电子设备制造	Other Electronic Equipment	4931
计算机及办公设备制造业	**Manufacture of Computers and Office Equipments**	**221786**
#计算机整机制造	Manufacture of Entired Computer	202006
计算机零部件制造	Manufacture of Parts and Fixture for Computer	11096
计算机外围设备制造	Manufacture of Computer Peripheral Equipment	7909
办公设备制造	Manufacture of Office Equipment	719
医疗仪器设备及仪器仪表制造业	**Manufacture of Medical Equipments and Meters**	**21572**
#医疗仪器设备及器械制造	Manufacture of Medical Equipment and Appliances	8415
#医疗诊断、监护及治疗设备制造	Manufacture of Medical Diagnosis, Monitoring and Treatment Equipment	5134
医疗、外科及兽医用器械制造	Manufacture of Medical, Surgical and Veterinary Instruments	1500
通用仪器仪表制造	Manufacture of General Instruments	7569
专用仪器仪表制造	Manufacture of Special Instruments	3825
信息化学品制造业	**Manufacture of Electronic Chemicals**	

continued

有研发机构的企业数（个）Number of Enterprises with R&D Institutions (unit)	机构数（个）R&D Institutions (unit)	机构人员（人）Personnel in R&D Institutions (person)	机构经费支出（万元）Expenditure in R&D Institutions (10000 yuan)	#仪器设备 Equipment
1364	**1624**	**175033**	**7339979**	**4875995**
174	**258**	**21499**	**1610778**	**1105095**
74	117	12294	879880	775682
34	52	2741	114570	63901
36	49	4649	552908	213706
888	**988**	**123123**	**4470411**	**3275550**
36	37	1843	45076	16290
36	43	6352	413599	322445
29	36	6110	402643	316326
67	82	39790	1636909	1222687
30	40	13129	841798	122638
36	41	26641	794537	1099944
1	1	20	574	106
18	18	474	13084	4574
64	76	6594	284651	118351
202	215	31462	933948	595124
20	20	567	22320	31655
15	15	755	28461	33687
46	49	5816	414515	290288
31	36	2685	89348	56244
375	417	28047	866907	833547
66	71	3643	103802	129994
114	126	14064	368193	392873
46	52	2509	173513	167876
47	56	6407	219975	137927
43	44	2154	56264	24605
118	**175**	**14444**	**513536**	**157097**
5	5	1821	133776	9909
52	55	9045	288433	98049
33	82	2140	53982	32964
16	16	899	21545	4964
175	**191**	**15209**	**732073**	**329058**
79	88	6930	435188	104474
17	20	3578	304537	41947
24	26	1184	43694	34144
56	62	3171	116411	38955
14	14	389	8472	5379
2	**2**	**39**	**3416**	**2609**

2-1-7 按行业分外商投资企业高技术产业研发相关情况(2022年)

行 业	Industry	有R&D活动的企业数(个) Number of Enterprises Having R&D Activities (unit)
合计	**Total**	**1931**
医药制造业	**Manufacture of Medicines**	**272**
#化学药品制造	Manufacture of Chemical Medicine	105
中成药生产	Manufacture of Finished Traditional Chinese Herbal Medicine	18
生物药品制品制造	Manufacture of Biopharmaceutical Products	69
电子及通信设备制造业	**Manufacture of Electronic Equipment and Communication Equipment**	**1126**
电子工业专用设备制造	Manufacture of Special Equipment for Electronic Industry	68
光纤光缆及锂离子电池制造	Manufacture of Optical Fiber and Cable, and Lithium Ion Battery	44
#锂离子电池制造	Manufacture of Lithium Ion Batteries	28
#通信设备、雷达及配套设备制造	Manufacture of Communication Equipment, Radar and Matching Equipment	88
#通信系统设备制造	Manufacture of Communication System Equipment	44
通信终端设备制造	Manufacture of Communication Terminal Equipment	42
雷达及配套设备制造	Manufacture of Radar and Related Equipment	2
广播电视设备制造	Manufacture of Broadcasting and TV Equipment	33
非专业视听设备制造	Manufacture of Non-professional Audio-visual Equipment	44
电子器件制造	Manufacture of Electronic Appliances	303
#电子真空器件制造	Manufacture of Electronic Vacuum Appliances	12
半导体分立器件制造	Manufacture of Semiconductor Discreting Appliances	32
集成电路制造	Manufacture of Integrate Circuit	89
光电子器件制造	Manufacture of Optoelectronic Devices	71
电子元件及电子专用材料制造	Manufacture of Electronic Components and Electronic Specialized Materials	462
#电阻电容电感元件制造	Manufacture of Resistance, Capacitance and Inductance Components	75
电子电路制造	Manufacture of Electronic Circuit	79
电子专用材料制造	Manufacture of Electronic Specialized Materials	106
智能消费设备制造	Manufacturing of Intelligent Consumption Equipment	41
其他电子设备制造	Other Electronic Equipment	43
计算机及办公设备制造业	**Manufacture of Computers and Office Equipments**	**138**
#计算机整机制造	Manufacture of Entired Computer	14
计算机零部件制造	Manufacture of Parts and Fixture for Computer	63
计算机外围设备制造	Manufacture of Computer Peripheral Equipment	31
办公设备制造	Manufacture of Office Equipment	13
医疗仪器设备及仪器仪表制造业	**Manufacture of Medical Equipments and Meters**	**369**
#医疗仪器设备及器械制造	Manufacture of Medical Equipment and Appliances	147
#医疗诊断、监护及治疗设备制造	Manufacture of Medical Diagnosis, Monitoring and Treatment Equipment	51
医疗、外科及兽医用器械制造	Manufacture of Medical, Surgical and Veterinary Instruments	27
通用仪器仪表制造	Manufacture of General Instruments	151
专用仪器仪表制造	Manufacture of Special Instruments	46
信息化学品制造业	**Manufacture of Electronic Chemicals**	**4**

R&D Statistics on High-tech Industry of Foreign Funded Enterprises by Industrial Sector (2022)

R&D人员 (人) R&D Personnel (person)	#全时人员 Full-time Personnel	#研究人员 Researchers	R&D人员折合全时当量 (人年) Full-time Equivalent (man-year)	R&D经费内部支出 (万元) Intramural Expenditure on R&D (10000 yuan)	#人员劳务费 Labor Cost
183056	**135813**	**64406**	**135275**	**7543355**	**2959972**
24727	**20441**	**10999**	**18755**	**1433608**	**354628**
9102	7212	3920	6932	466943	144723
1462	1195	692	1143	101824	17103
8167	7100	3844	5841	708563	139525
124684	**89480**	**41410**	**93059**	**4815272**	**2075571**
2693	2064	966	2016	99784	36479
4171	2844	1346	3340	201643	48057
2808	1794	748	2316	109821	30133
25709	16881	9191	18401	813620	489335
7901	2852	3717	7031	358909	274204
17764	13995	5457	11359	451859	213551
44	34	17	11	2851	1580
1926	1628	742	1490	52977	34391
4068	3209	1542	3001	179422	91025
38411	28617	13993	29018	2021785	746602
601	333	139	448	15294	5902
1615	1160	531	1210	70894	29847
18309	14754	8247	13784	1233667	463188
5511	4211	1751	4263	201297	103360
37230	25350	8902	27486	1052029	397680
4238	2672	999	2482	73630	37911
12229	9307	2473	10449	330066	133947
6604	4469	1869	4809	275886	75944
5420	4671	2448	4918	280794	163561
5056	4216	2280	3389	113220	68442
15022	**12050**	**4393**	**10763**	**660377**	**215808**
5219	4359	1885	3208	321706	94410
5066	3883	902	4024	138020	49217
2056	1602	578	1328	97108	31400
854	743	182	729	15188	10042
17340	**13337**	**7079**	**12132**	**594936**	**304072**
7619	6160	3265	5040	320997	144459
2959	2500	1432	1955	127646	64152
1457	1232	609	939	52533	26495
6310	4657	2589	4666	184701	112681
2267	1708	854	1522	63988	34398
175	**149**	**81**	**87**	**8045**	**2689**

2-1-7 续表 1

行　业	Industry	#仪器和设备 Equipment
合计	**Total**	**675641**
医药制造业	**Manufacture of Medicines**	**113198**
#化学药品制造	Manufacture of Chemical Medicine	29424
中成药生产	Manufacture of Finished Traditional Chinese Herbal Medicine	20447
生物药品制品制造	Manufacture of Biopharmaceutical Products	48636
电子及通信设备制造业	**Manufacture of Electronic Equipment and Communication Equipment**	**510502**
电子工业专用设备制造	Manufacture of Special Equipment for Electronic Industry	4089
光纤光缆及锂离子电池制造	Manufacture of Optical Fiber and Cable, and Lithium Ion Battery	10658
#锂离子电池制造	Manufacture of Lithium Ion Batteries	4710
#通信设备、雷达及配套设备制造	Manufacture of Communication Equipment, Radar and Matching Equipment	8244
#通信系统设备制造	Manufacture of Communication System Equipment	2558
通信终端设备制造	Manufacture of Communication Terminal Equipment	5681
雷达及配套设备制造	Manufacture of Radar and Related Equipment	5
广播电视设备制造	Manufacture of Broadcasting and TV Equipment	129
非专业视听设备制造	Manufacture of Non-professional Audio-visual Equipment	8260
电子器件制造	Manufacture of Electronic Appliances	363637
#电子真空器件制造	Manufacture of Electronic Vacuum Appliances	182
半导体分立器件制造	Manufacture of Semiconductor Discreting Appliances	10673
集成电路制造	Manufacture of Integrate Circuit	157881
光电子器件制造	Manufacture of Optoelectronic Devices	14313
电子元件及电子专用材料制造	Manufacture of Electronic Components and Electronic Specialized Materials	94558
#电阻电容电感元件制造	Manufacture of Resistance, Capacitance and Inductance Components	6462
电子电路制造	Manufacture of Electronic Circuit	30202
电子专用材料制造	Manufacture of Electronic Specialized Materials	31124
智能消费设备制造	Manufacturing of Intelligent Consumption Equipment	12720
其他电子设备制造	Other Electronic Equipment	8207
计算机及办公设备制造业	**Manufacture of Computers and Office Equipments**	**21403**
#计算机整机制造	Manufacture of Entired Computer	930
计算机零部件制造	Manufacture of Parts and Fixture for Computer	3750
计算机外围设备制造	Manufacture of Computer Peripheral Equipment	1938
办公设备制造	Manufacture of Office Equipment	386
医疗仪器设备及仪器仪表制造业	**Manufacture of Medical Equipments and Meters**	**28343**
#医疗仪器设备及器械制造	Manufacture of Medical Equipment and Appliances	17943
#医疗诊断、监护及治疗设备制造	Manufacture of Medical Diagnosis, Monitoring and Treatment Equipment	7235
医疗、外科及兽医用器械制造	Manufacture of Medical, Surgical and Veterinary Instruments	1233
通用仪器仪表制造	Manufacture of General Instruments	4376
专用仪器仪表制造	Manufacture of Special Instruments	3510
信息化学品制造业	**Manufacture of Electronic Chemicals**	**1973**

continued

#政府资金 Government Funds	#企业资金 Self-raised Funds by Enterprises	R&D经费外部支出(万元) External Expenditure on R&D (10000 yuan)	新产品开发项目数(项) New Products (item)	新产品开发经费支出(万元) Expenditure on New Products Development (10000 yuan)	新 产 品销售收入(万元) Sales Revenue of New Products (10000 yuan)
122455	**7356119**	**765601**	**18627**	**9125644**	**121441810**
23245	**1381461**	**231069**	**3839**	**1700368**	**8776269**
11163	434280	155860	1584	606579	2674198
968	100739	2888	234	101511	717610
10457	693664	67878	1262	793528	2568031
84170	**4703460**	**387396**	**9797**	**5826284**	**87028876**
21234	78499	5496	493	211525	1236976
3078	198550	10563	522	269399	4017403
2020	107786	10133	386	162780	2329113
581	799841	56639	783	913843	28968834
543	351192	42306	348	428986	7855762
39	445798	14010	403	477720	21110792
	2851	322	32	7137	2280
	52966	626	308	61792	461379
425	178804	28879	354	230821	3733275
46075	1975184	96351	2889	2382772	20539726
	15294	301	95	18168	237763
124	70770	2087	274	75064	527308
39023	1194333	80530	950	1417138	7936713
5338	195959	7305	678	246645	3009038
3140	1042723	50361	3627	1267677	17025535
184	73361	140	517	97199	2160257
281	329785	601	678	413171	6118979
2175	268260	1914	829	302182	4097233
835	277044	130813	455	340834	9563614
8801	99848	7670	366	147622	1482134
4682	**652806**	**124828**	**1170**	**727455**	**20927087**
	320468	1991	260	313603	15289415
4532	133488	3316	428	164822	2966988
102	95469	414	303	111926	767035
34	15041	291	74	18827	404215
10262	**579762**	**21642**	**3578**	**825130**	**4600365**
5422	313336	12373	1752	453344	1172168
2100	123904	5034	764	193366	623020
731	51803	2604	282	66209	168544
1375	180898	3998	1157	251059	2192538
3068	60692	3407	452	74883	925639
10	**8035**	**407**	**57**	**13462**	**73848**

2-1-7 续表 2

行 业	Industry	#出口 Exports
合计	**Total**	**66618102**
医药制造业	**Manufacture of Medicines**	**2146079**
#化学药品制造	Manufacture of Chemical Medicine	456255
中成药生产	Manufacture of Finished Traditional Chinese Herbal Medicine	48745
生物药品制品制造	Manufacture of Biopharmaceutical Products	558516
电子及通信设备制造业	**Manufacture of Electronic Equipment and Communication Equipment**	**46121032**
电子工业专用设备制造	Manufacture of Special Equipment for Electronic Industry	195421
光纤光缆及锂离子电池制造	Manufacture of Optical Fiber and Cable, and Lithium Ion Battery	1224190
#锂离子电池制造	Manufacture of Lithium Ion Batteries	722829
#通信设备、雷达及配套设备制造	Manufacture of Communication Equipment, Radar and Matching Equipment	17422314
#通信系统设备制造	Manufacture of Communication System Equipment	1831195
通信终端设备制造	Manufacture of Communication Terminal Equipment	15591119
雷达及配套设备制造	Manufacture of Radar and Related Equipment	
广播电视设备制造	Manufacture of Broadcasting and TV Equipment	224023
非专业视听设备制造	Manufacture of Non-professional Audio-visual Equipment	1851446
电子器件制造	Manufacture of Electronic Appliances	10228191
#电子真空器件制造	Manufacture of Electronic Vacuum Appliances	86021
半导体分立器件制造	Manufacture of Semiconductor Discreting Appliances	149575
集成电路制造	Manufacture of Integrate Circuit	2110860
光电子器件制造	Manufacture of Optoelectronic Devices	1715285
电子元件及电子专用材料制造	Manufacture of Electronic Components and Electronic Specialized Materials	9002914
#电阻电容电感元件制造	Manufacture of Resistance, Capacitance and Inductance Components	1401820
电子电路制造	Manufacture of Electronic Circuit	4521466
电子专用材料制造	Manufacture of Electronic Specialized Materials	1147516
智能消费设备制造	Manufacturing of Intelligent Consumption Equipment	4856685
其他电子设备制造	Other Electronic Equipment	1115848
计算机及办公设备制造业	**Manufacture of Computers and Office Equipments**	**17177849**
#计算机整机制造	Manufacture of Entired Computer	14467843
计算机零部件制造	Manufacture of Parts and Fixture for Computer	1707491
计算机外围设备制造	Manufacture of Computer Peripheral Equipment	410626
办公设备制造	Manufacture of Office Equipment	372021
医疗仪器设备及仪器仪表制造业	**Manufacture of Medical Equipments and Meters**	**1109811**
#医疗仪器设备及器械制造	Manufacture of Medical Equipment and Appliances	370705
#医疗诊断、监护及治疗设备制造	Manufacture of Medical Diagnosis, Monitoring and Treatment Equipment	256372
医疗、外科及兽医用器械制造	Manufacture of Medical, Surgical and Veterinary Instruments	44802
通用仪器仪表制造	Manufacture of General Instruments	520279
专用仪器仪表制造	Manufacture of Special Instruments	142824
信息化学品制造业	**Manufacture of Electronic Chemicals**	**44218**

continued

专利申请数 (件) Patent Applications (unit)	#发明专利 Invention Patents	有效发明专利数 (件) Number of Patents In Force (unit)	引进技术经费支出 (万元) Expenditure for Acquisition of Foreign Technology (10000 yuan)	消化吸收经费支出 (万元) Expenditure for Assimilation of Technology (10000 yuan)	购买境内技术经费支出 (万元) Expenditure for Purchase of Domestic Technology (10000 yuan)
28486	**14317**	**65775**	**99085**	**1685**	**158830**
3046	**1979**	**7017**	**1753**		**108564**
948	793	2925	808		96383
438	288	757			121
1126	703	1784	945		11300
18030	**9934**	**45099**	**74166**	**1685**	**37917**
973	542	1724			
1224	498	1476	2335	1003	
842	271	644		1003	
2562	1512	11581	496		6599
1310	864	7771	496		815
1211	648	3783			5784
41		27			
153	57	321			
542	219	1882	26474		12
6953	4685	18827	25569		9020
178	37	125			
370	199	578			15
2998	2381	11091	25569		8376
1002	361	1120			79
4687	2051	6908	19292	682	21363
470	162	727	950		1750
808	297	768	15675		19141
1225	689	1939	1621		
499	163	575			840
437	207	1805			83
3042	**580**	**6929**	**3432**		**1669**
157	91	736	498		1669
2367	334	5064	2820		
292	66	787			
74	23	143	114		
4150	**1752**	**6521**	**19734**		**10642**
2247	1047	3736	1326		1147
928	474	1530	295		
297	106	463			5
1319	525	2274	15296		250
411	123	320			2422
74	**58**	**74**			**39**

2-1-7 续表 3

行　业	Industry	技术改造经费支出(万元) Expenditure for Technical Renovation (10000 yuan)
合计	**Total**	**1056069**
医药制造业	**Manufacture of Medicines**	**96653**
#化学药品制造	Manufacture of Chemical Medicine	64585
中成药生产	Manufacture of Finished Traditional Chinese Herbal Medicine	17596
生物药品制品制造	Manufacture of Biopharmaceutical Products	8277
电子及通信设备制造业	**Manufacture of Electronic Equipment and Communication Equipment**	**862489**
电子工业专用设备制造	Manufacture of Special Equipment for Electronic Industry	296
光纤光缆及锂离子电池制造	Manufacture of Optical Fiber and Cable, and Lithium Ion Battery	6443
#锂离子电池制造	Manufacture of Lithium Ion Batteries	1076
#通信设备、雷达及配套设备制造	Manufacture of Communication Equipment, Radar and Matching Equipment	173105
#通信系统设备制造	Manufacture of Communication System Equipment	16523
通信终端设备制造	Manufacture of Communication Terminal Equipment	156581
雷达及配套设备制造	Manufacture of Radar and Related Equipment	
广播电视设备制造	Manufacture of Broadcasting and TV Equipment	11260
非专业视听设备制造	Manufacture of Non-professional Audio-visual Equipment	14121
电子器件制造	Manufacture of Electronic Appliances	438262
#电子真空器件制造	Manufacture of Electronic Vacuum Appliances	4602
半导体分立器件制造	Manufacture of Semiconductor Discreting Appliances	22030
集成电路制造	Manufacture of Integrate Circuit	122455
光电子器件制造	Manufacture of Optoelectronic Devices	16592
电子元件及电子专用材料制造	Manufacture of Electronic Components and Electronic Specialized Materials	203710
#电阻电容电感元件制造	Manufacture of Resistance, Capacitance and Inductance Components	29182
电子电路制造	Manufacture of Electronic Circuit	110543
电子专用材料制造	Manufacture of Electronic Specialized Materials	26204
智能消费设备制造	Manufacturing of Intelligent Consumption Equipment	14024
其他电子设备制造	Other Electronic Equipment	1269
计算机及办公设备制造业	**Manufacture of Computers and Office Equipments**	**62195**
#计算机整机制造	Manufacture of Entired Computer	29330
计算机零部件制造	Manufacture of Parts and Fixture for Computer	21723
计算机外围设备制造	Manufacture of Computer Peripheral Equipment	2781
办公设备制造	Manufacture of Office Equipment	2290
医疗仪器设备及仪器仪表制造业	**Manufacture of Medical Equipments and Meters**	**34664**
#医疗仪器设备及器械制造	Manufacture of Medical Equipment and Appliances	10403
#医疗诊断、监护及治疗设备制造	Manufacture of Medical Diagnosis, Monitoring and Treatment Equipment	6944
医疗、外科及兽医用器械制造	Manufacture of Medical, Surgical and Veterinary Instruments	797
通用仪器仪表制造	Manufacture of General Instruments	9097
专用仪器仪表制造	Manufacture of Special Instruments	6304
信息化学品制造业	**Manufacture of Electronic Chemicals**	

continued

有研发机构的企业数 (个) Number of Enterprises with R&D Institutions (unit)	机构数 (个) R&D Institutions (unit)	机构人员 (人) Personnel in R&D Institutions (person)	机构经费支出 (万元) Expenditure in R&D Institutions (10000 yuan)	#仪器设备 Equipment
1364	**1578**	**134565**	**6215387**	**5082626**
183	**235**	**17202**	**1263045**	**720189**
78	100	7677	580753	336417
13	23	1163	87991	38964
37	49	5880	487776	258036
836	**965**	**93702**	**4003029**	**3875868**
39	42	2244	159080	54849
27	38	3296	194329	102686
19	22	2302	99546	62809
58	68	25225	1056365	421327
27	35	9182	526618	184728
31	33	16043	529747	236599
22	24	1377	50630	130624
47	55	4934	226848	88600
218	256	23888	1247483	2049584
11	13	651	23955	5494
23	24	1186	47542	114588
53	62	9137	608410	1019825
53	65	3920	143773	121474
350	393	27858	893006	906287
64	71	2844	59557	145236
67	79	10144	275178	354272
71	86	5022	217152	121268
40	46	2741	114977	70436
35	43	2139	60310	51476
105	**107**	**8855**	**392690**	**175926**
10	10	3298	87895	30467
53	53	2754	115644	74201
23	25	1193	85020	33929
7	7	646	12949	9649
228	**258**	**14196**	**539490**	**278585**
86	101	6113	287760	151304
31	38	2922	130325	69373
16	17	1257	45166	22835
93	102	4955	160337	80175
29	34	1923	53383	29262
4	**4**	**131**	**6079**	**3351**

2-2-1 各地区高技术产业R&D人员情况(2022年)
R&D Personnel in High-tech Industry by Region(2022)

地区	Region	有R&D活动的企业数(个) Number of Enterprises Having R&D Activities (unit)	R&D人员(人) R&D Personnel (person)	#全时人员 Full-time Personnel	#研究人员 Researchers	R&D人员折合全时当量(人年) Full-time Equivalent (man-year)
全　国	**Total**	**28471**	**1693645**	**1319050**	**579142**	**1253952**
东部地区	Eastern Region	19107	1200045	941684	412196	901613
中部地区	Middle Region	5953	287246	222491	88246	213672
西部地区	Western Region	2852	171399	127855	63170	114587
东北地区	Northeaastern Region	559	34955	27020	15530	24080
北　京	Beijing	601	42353	33580	19481	30279
天　津	Tianjin	308	22745	17705	10198	15758
河　北	Hebei	477	20443	15359	6602	14015
山　西	Shanxi	120	9089	7640	2018	6758
内蒙古	Inner Mongolia	69	4799	3303	1498	2307
辽　宁	Liaoning	301	23041	18563	10767	16386
吉　林	Jilin	138	6062	4532	2582	3876
黑龙江	Heilongjiang	120	5852	3925	2181	3818
上　海	Shanghai	693	45384	37627	20260	31357
江　苏	Jiangsu	5047	263739	199763	89296	190111
浙　江	Zhejiang	2925	152194	106985	51334	118810
安　徽	Anhui	1302	55138	41965	17454	41030
福　建	Fujian	914	70117	58870	26003	51882
江　西	Jiangxi	1274	49697	36063	10597	35133
山　东	Shandong	1635	97798	79330	34560	72667
河　南	Henan	951	53082	42570	16333	40348
湖　北	Hubei	950	63513	50325	23250	48574
湖　南	Hunan	1356	56727	43928	18594	41830
广　东	Guangdong	6455	482908	390658	153495	375218
广　西	Guangxi	214	9486	6512	2507	6157
海　南	Hainan	52	2364	1807	967	1516
重　庆	Chongqing	536	32136	25172	10550	21883
四　川	Sichuan	1040	65222	49859	23824	44250
贵　州	Guizhou	215	12207	8462	4829	8054
云　南	Yunnan	157	5479	3220	1806	3740
西　藏	Tibet	7	159	125	77	85
陕　西	Shaanxi	456	33847	25847	14913	23067
甘　肃	Gansu	75	3757	2919	1711	2619
青　海	Qinghai	19	1066	401	323	407
宁　夏	Ningxia	47	2707	1708	960	1721
新　疆	Xinjiang	17	534	327	172	297

2-2-2 按地区和企业规模分高技术产业R&D人员情况(2022年)
R&D Personnel in High-tech Industry by Region and Industrial Sector(2022)

地 区	Region	大型企业 Large-sized Enterprises				
		有R&D活动的企业数(个) Number of Enterprises Having R&D Activities (unit)	R&D人员(人) R&D Personnel (person)	#全时人员 Full-time Personnel	#研究人员 Researchers	R&D人员折合全时当量(人年) Full-time Equivalent (man-year)
全 国	**Total**	**1671**	**847429**	**682419**	**309886**	**656030**
东部地区	Eastern Region	1133	615096	496741	228034	481539
中部地区	Middle Region	282	134116	109371	41293	106445
西部地区	Western Region	219	80589	61448	31655	55490
东北地区	Norheastern Region	37	17628	14859	8904	12556
北 京	Beijing	35	16711	13070	8096	12732
天 津	Tianjin	23	10705	8462	4869	7867
河 北	Hebei	22	8929	7401	3395	6347
山 西	Shanxi	15	5794	5147	963	4560
内蒙古	Inner Mongolia	7	2533	1848	722	1031
辽 宁	Liaoning	19	12937	11250	6727	9224
吉 林	Jilin	10	2235	1972	1114	1825
黑龙江	Heilongjiang	8	2456	1637	1063	1507
上 海	Shanghai	52	21918	19163	10567	15473
江 苏	Jiangsu	274	109196	84880	37460	80350
浙 江	Zhejiang	139	66614	45915	26575	52551
安 徽	Anhui	47	22528	18540	7411	17943
福 建	Fujian	70	37174	32065	14507	28325
江 西	Jiangxi	82	21137	15559	4498	14538
山 东	Shandong	88	47050	39986	17938	37648
河 南	Henan	43	26239	22464	7755	22206
湖 北	Hubei	54	33981	28463	12943	28166
湖 南	Hunan	41	24437	19198	7723	19033
广 东	Guangdong	426	296254	245372	104414	239897
广 西	Guangxi	17	3911	2968	1292	2792
海 南	Hainan	4	545	427	213	350
重 庆	Chongqing	47	15519	12649	5545	10956
四 川	Sichuan	67	28881	22411	10958	20422
贵 州	Guizhou	20	5514	3954	2311	3511
云 南	Yunnan	14	1656	996	634	1282
西 藏	Tibet					
陕 西	Shaanxi	30	18821	14217	8578	13037
甘 肃	Gansu	6	1895	1509	949	1407
青 海	Qinghai	5	581	207	147	193
宁 夏	Ningxia	5	1240	671	498	834
新 疆	Xinjiang					

2-2-2 续表 continued

地 区	Region	中型企业 Medium-sized Enterprises 有R&D活动的企业数（个）Number of Enterprises Having R&D Activities (unit)	R&D人员（人）R&D Personnel (person)	#全时人员 Full-time Personnel	#研究人员 Researchers	R&D人员折合全时当量（人年）Full-time Equivalent (man-year)
全 国	**Total**	**4997**	**402304**	**301687**	**133211**	**286119**
东部地区	Eastern Region	3404	284173	214508	93136	204392
中部地区	Middle Region	906	63884	47329	20273	45596
西部地区	Western Region	577	45966	33998	16481	30566
东北地区	Norheastern Region	110	8281	5852	3321	5566
北 京	Beijing	133	13943	11057	6311	9653
天 津	Tianjin	52	5456	4207	2526	3175
河 北	Hebei	81	4811	3081	1295	3273
山 西	Shanxi	30	1919	1396	646	1286
内蒙古	Inner Mongolia	20	1447	975	533	800
辽 宁	Liaoning	51	4860	3637	2066	3473
吉 林	Jilin	33	2006	1340	787	1194
黑龙江	Heilongjiang	26	1415	875	468	899
上 海	Shanghai	131	11312	9064	4887	7492
江 苏	Jiangsu	832	70512	52054	24243	49889
浙 江	Zhejiang	552	41271	29643	12728	32008
安 徽	Anhui	168	13169	9495	4328	9609
福 建	Fujian	177	16461	13162	6127	11820
江 西	Jiangxi	220	12662	9142	2668	9140
山 东	Shandong	238	21747	16646	7578	15129
河 南	Henan	144	10866	8186	3691	7573
湖 北	Hubei	153	12435	9379	4366	8564
湖 南	Hunan	191	12833	9731	4574	9424
广 东	Guangdong	1194	97467	74666	26901	71197
广 西	Guangxi	38	2426	1378	428	1519
海 南	Hainan	14	1193	928	540	756
重 庆	Chongqing	132	9295	6987	2721	6145
四 川	Sichuan	212	17852	13692	6674	12122
贵 州	Guizhou	39	4094	2738	1747	2803
云 南	Yunnan	15	1011	645	344	673
西 藏	Tibet					
陕 西	Shaanxi	87	7507	5796	3137	5070
甘 肃	Gansu	10	930	809	419	645
青 海	Qinghai	4	219	78	57	91
宁 夏	Ningxia	14	885	647	293	531
新 疆	Xinjiang	4	207	182	81	128

2-2-3 各地区国有及国有控股企业高技术产业R&D人员情况(2022年)

R&D Personnel in High-tech Industry of State-owned and State-controlled Enterprises by Region (2022)

地 区	Region	有R&D活动的企业数(个) Number of Enterprises Having R&D Activities (unit)	R&D人员(人) R&D Personnel (person)	#全时人员 Full-time Personnel	#研究人员 Researchers	R&D人员折合全时当量(人年) Full-time Equivalent (man-year)
全 国	**Total**	**1526**	**242674**	**187366**	**110107**	**179118**
东部地区	Eastern Region	805	116129	88316	54201	85488
中部地区	Middle Region	295	56471	45736	25075	45194
西部地区	Western Region	368	59052	44074	25312	40029
东北地区	Northeastern Region	58	11022	9240	5519	8407
北 京	Beijing	121	13015	9598	6244	9181
天 津	Tianjin	51	5265	4129	2716	3919
河 北	Hebei	34	2096	1452	649	1587
山 西	Shanxi	19	1469	1213	645	1020
内蒙古	Inner Mongolia	7	501	358	251	253
辽 宁	Liaoning	27	8065	6992	4116	6144
吉 林	Jilin	14	1020	879	529	709
黑龙江	Heilongjiang	17	1937	1369	874	1554
上 海	Shanghai	73	8220	6736	4161	5938
江 苏	Jiangsu	172	14609	11462	6973	10464
浙 江	Zhejiang	39	2298	1798	1051	1769
安 徽	Anhui	71	9575	7745	3229	8062
福 建	Fujian	47	12502	10581	5471	9990
江 西	Jiangxi	39	5061	3859	1928	3547
山 东	Shandong	118	17984	14553	7837	14243
河 南	Henan	39	7725	6303	3798	5968
湖 北	Hubei	73	22555	19136	10394	18500
湖 南	Hunan	54	10086	7480	5081	8098
广 东	Guangdong	147	39835	27777	18960	28156
广 西	Guangxi	16	1282	743	382	683
海 南	Hainan	3	305	230	139	242
重 庆	Chongqing	55	5890	4435	2369	4331
四 川	Sichuan	108	22738	17835	9218	15505
贵 州	Guizhou	45	6973	4978	3214	4837
云 南	Yunnan	18	1116	593	418	788
西 藏	Tibet					
陕 西	Shaanxi	93	18085	13153	8338	11842
甘 肃	Gansu	16	2151	1733	991	1602
青 海	Qinghai	3	57	42	28	23
宁 夏	Ningxia	5	148	104	49	115
新 疆	Xinjiang					

2-2-4 按地区和登记注册类型分高技术产业R&D人员情况(2022年)
R&D Personnel in High-tech Industry by Region and Registration Status(2022)

地 区	Region	内资企业 Domestic Funded				
		有R&D活动的企业数 (个) Number of Enterprises Having R&D Activities (unit)	R&D人员 (人) R&D Personnel (person)	#全时人员 Full-time Personnel	#研究人员 Researchers	R&D人员折合全时当量 (人年) Full-time Equivalent (man-year)
全 国	**Total**	**24871**	**1309529**	**1023966**	**454161**	**966509**
东部地区	Eastern Region	16035	880615	698085	307121	662146
中部地区	Middle Region	5665	251183	192950	78874	185931
西部地区	Western Region	2661	150093	111861	56324	99201
东北地区	Northeastern Region	510	27638	21070	11842	19231
北 京	Beijing	500	29462	23283	13465	20757
天 津	Tianjin	259	16634	13510	7252	11701
河 北	Hebei	441	16382	12266	4863	11089
山 西	Shanxi	115	8477	7091	1855	6472
内蒙古	Inner Mongolia	63	4067	2887	1333	1712
辽 宁	Liaoning	269	16840	13415	7586	12457
吉 林	Jilin	128	5336	3922	2249	3214
黑龙江	Heilongjiang	113	5462	3733	2007	3561
上 海	Shanghai	516	27533	22663	11987	19244
江 苏	Jiangsu	4051	170863	128777	59457	120225
浙 江	Zhejiang	2572	112469	80547	35471	87223
安 徽	Anhui	1227	49638	37673	15231	37282
福 建	Fujian	747	55214	46294	20673	41172
江 西	Jiangxi	1206	45657	32983	9750	32523
山 东	Shandong	1469	81260	65962	28420	60358
河 南	Henan	922	47279	37600	14466	35002
湖 北	Hubei	885	55343	44151	20946	42270
湖 南	Hunan	1310	44789	33452	16626	32382
广 东	Guangdong	5435	368691	303179	124653	289006
广 西	Guangxi	187	6951	4458	1832	4237
海 南	Hainan	45	2107	1604	880	1373
重 庆	Chongqing	491	24287	18883	8165	16896
四 川	Sichuan	975	59036	45611	21991	39515
贵 州	Guizhou	204	11862	8263	4691	7833
云 南	Yunnan	149	5054	2982	1677	3423
西 藏	Tibet	7	159	125	77	85
陕 西	Shaanxi	434	31017	23454	13483	20648
甘 肃	Gansu	75	3757	2919	1711	2619
青 海	Qinghai	18	875	381	285	342
宁 夏	Ningxia	43	2574	1604	921	1657
新 疆	Xinjiang	15	454	294	158	234

2-2-4 续表 1 continued

地区	Region	港澳台投资企业 Enterprises with Funds from Hong Kong, Macau and Taiwan				
		有R&D活动的企业数（个） Number of Enterprises Having R&D Activities (unit)	R&D人员（人） R&D Personnel (person)	#全时人员 Full-time Personnel	#研究人员 Researchers	R&D人员折合全时当量（人年） Full-time Equivalent (man-year)
全国	**Total**	**1669**	**201060**	**159271**	**60575**	**152168**
东部地区	Eastern Region	1433	167224	131610	51706	125789
中部地区	Middle Region	142	25038	20848	6067	19999
西部地区	Western Region	76	7829	6211	2420	5750
东北地区	Northeastern Region	18	969	602	382	629
北京	Beijing	36	7403	6352	3633	5959
天津	Tianjin	16	983	767	410	634
河北	Hebei	10	1112	681	442	850
山西	Shanxi	3	207	185	50	152
内蒙古	Inner Mongolia	5	726	413	165	591
辽宁	Liaoning	12	835	538	325	553
吉林	Jilin	3	47	38	18	39
黑龙江	Heilongjiang	3	87	26	39	37
上海	Shanghai	61	7697	6388	3402	6228
江苏	Jiangsu	387	43238	33717	13672	31018
浙江	Zhejiang	135	20645	15820	7803	16143
安徽	Anhui	34	3621	2885	1602	2464
福建	Fujian	85	9637	8123	3196	7047
江西	Jiangxi	35	1827	1301	263	1312
山东	Shandong	56	6301	4741	2242	4451
河南	Henan	15	4245	3704	1257	4039
湖北	Hubei	26	4190	3119	1166	3361
湖南	Hunan	29	10948	9654	1729	8672
广东	Guangdong	644	70106	54933	16858	53424
广西	Guangxi	15	667	460	87	453
海南	Hainan	3	102	88	48	35
重庆	Chongqing	20	4300	3612	1291	3057
四川	Sichuan	22	1577	1287	623	1141
贵州	Guizhou	5	49	34	7	40
云南	Yunnan	4	191	133	86	176
西藏	Tibet					
陕西	Shaanxi	3	271	244	151	255
甘肃	Gansu					
青海	Qinghai					
宁夏	Ningxia					
新疆	Xinjiang					

2-2-4 续表 2 continued

地 区	Region	外商投资企业 Foreign Funded Enterprises				
		有R&D活动的企业数（个）Number of Enterprises Having R&D Activities (unit)	R&D人员（人）R&D Personnel (person)	#全时人员 Full-time Personnel	#研究人员 Researchers	R&D人员折合全时当量（人年）Full-time Equivalent (man-year)
全 国	**Total**	**1931**	**183056**	**135813**	**64406**	**135275**
东部地区	Eastern Region	1639	152206	111989	53369	113678
中部地区	Middle Region	146	11025	8693	3305	7743
西部地区	Western Region	115	13477	9783	4426	9636
东北地区	Northeastern Region	31	6348	5348	3306	4220
北 京	Beijing	65	5488	3945	2383	3562
天 津	Tianjin	33	5128	3428	2536	3423
河 北	Hebei	26	2949	2412	1297	2076
山 西	Shanxi					
内蒙古	Inner Mongolia					
辽 宁	Liaoning	20	5366	4610	2856	3377
吉 林	Jilin	7	679	572	315	623
黑龙江	Heilongjiang	4	303	166	135	220
上 海	Shanghai	116	10154	8576	4871	5885
江 苏	Jiangsu	609	49638	37269	16167	38869
浙 江	Zhejiang	218	19080	10618	8060	15444
安 徽	Anhui	41	1879	1407	621	1283
福 建	Fujian	82	5266	4453	2134	3663
江 西	Jiangxi	33	2213	1779	584	1299
山 东	Shandong	110	10237	8627	3898	7859
河 南	Henan	14	1558	1266	610	1307
湖 北	Hubei	39	3980	3055	1138	2944
湖 南	Hunan	17	990	822	239	777
广 东	Guangdong	376	44111	32546	11984	32788
广 西	Guangxi	12	1868	1594	588	1467
海 南	Hainan	4	155	115	39	108
重 庆	Chongqing	25	3549	2677	1094	1930
四 川	Sichuan	43	4609	2961	1210	3595
贵 州	Guizhou	6	296	165	131	181
云 南	Yunnan	4	234	105	43	141
西 藏	Tibet					
陕 西	Shaanxi	19	2559	2149	1279	2164
甘 肃	Gansu					
青 海	Qinghai					
宁 夏	Ningxia					
新 疆	Xinjiang					

2-2-5　按地区和行业分高技术产业R&D人员情况(2022年)
R&D Personnel in High-tech Industry by Region and Industrial Sector(2022)

地　区	Region	医药制造业 Medical and Pharmaceutical Products Manufacturing				
		有R&D活动的企业数（个） Number of Enterprises Having R&D Activities (unit)	R&D人员（人） R&D Personnel (person)	#全时人员 Full-time Personnel	#研究人员 Researchers	R&D人员折合全时当量（人年） Full-time Equivalent (man-year)
全　国	**Total**	**5539**	**249784**	**186871**	**94929**	**175288**
东部地区	Eastern Region	2737	151619	116874	61239	108716
中部地区	Middle Region	1649	54492	39326	17251	38370
西部地区	Western Region	899	33469	23878	12519	21562
东北地区	Northeastern Region	254	10204	6793	3920	6639
北　京	Beijing	151	9262	7676	4208	5981
天　津	Tianjin	74	6578	5343	3368	4852
河　北	Hebei	190	8118	5578	2649	5331
山　西	Shanxi	52	2528	1934	735	1589
内蒙古	Inner Mongolia	37	1713	1117	526	1186
辽　宁	Liaoning	85	4173	2694	1605	2696
吉　林	Jilin	102	3977	2787	1619	2565
黑龙江	Heilongjiang	67	2054	1312	696	1378
上　海	Shanghai	151	8116	6456	3691	5792
江　苏	Jiangsu	630	34328	26717	15146	23886
浙　江	Zhejiang	442	22620	15980	8462	17515
安　徽	Anhui	326	9568	6387	3068	6519
福　建	Fujian	153	5772	4576	2210	3983
江　西	Jiangxi	271	7402	5348	2085	5395
山　东	Shandong	518	34921	27472	12458	25111
河　南	Henan	345	12861	9463	4104	8851
湖　北	Hubei	334	13785	9950	4420	10030
湖　南	Hunan	321	8348	6244	2839	5986
广　东	Guangdong	378	19907	15600	8232	15039
广　西	Guangxi	70	2351	1183	731	1464
海　南	Hainan	50	1997	1476	815	1226
重　庆	Chongqing	114	5233	4182	2057	3675
四　川	Sichuan	281	13484	10119	5205	8327
贵　州	Guizhou	86	2731	1918	977	1765
云　南	Yunnan	92	2492	1400	891	1668
西　藏	Tibet	7	159	125	77	85
陕　西	Shaanxi	112	2573	1852	973	1585
甘　肃	Gansu	59	1625	1231	702	1117
青　海	Qinghai	9	246	163	101	150
宁　夏	Ningxia	20	490	309	139	330
新　疆	Xinjiang	12	372	279	140	209

2-2-5 续表 1 continued

地　区	Region	电子及通信设备制造业 Manufacture of Electronic Equipment and Communication Equipment				
		有R&D活动的企业数（个）Number of Enterprises Having R&D Activities (unit)	R&D人员（人）R&D Personnel (person)	#全时人员 Full-time Personnel	#研究人员 Researchers	R&D人员折合全时当量（人年）Full-time Equivalent (man-year)
全　国	**Total**	**14946**	**1051940**	**826181**	**337342**	**796975**
东部地区	Eastern Region	10572	783781	617217	256213	601859
中部地区	Middle Region	3078	176615	139250	48614	133126
西部地区	Western Region	1167	81750	61621	27945	55173
东北地区	Northeastern Region	129	9794	8093	4570	6817
北　京	Beijing	180	19421	15902	9026	15148
天　津	Tianjin	124	8991	6321	3916	5871
河　北	Hebei	139	8782	6981	2696	6083
山　西	Shanxi	37	5465	4796	790	4394
内蒙古	Inner Mongolia	28	2730	1906	789	995
辽　宁	Liaoning	104	8557	7123	4075	5982
吉　林	Jilin	12	673	539	293	476
黑龙江	Heilongjiang	13	564	431	202	359
上　海	Shanghai	268	22489	18831	9787	15147
江　苏	Jiangsu	2684	155440	116804	49470	113682
浙　江	Zhejiang	1574	91682	63944	30482	71852
安　徽	Anhui	741	36988	28972	11164	28355
福　建	Fujian	547	49056	40938	17188	36463
江　西	Jiangxi	832	35035	25147	6393	24588
山　东	Shandong	604	37296	30577	11836	29277
河　南	Henan	303	25180	20932	5752	20111
湖　北	Hubei	406	36439	29958	13444	28251
湖　南	Hunan	759	37508	29445	11071	27427
广　东	Guangdong	4451	390459	316770	121728	308190
广　西	Guangxi	109	5517	4180	1247	3581
海　南	Hainan					
重　庆	Chongqing	194	13361	10013	4074	9193
四　川	Sichuan	506	38409	29616	13332	26707
贵　州	Guizhou	78	3723	2433	1186	2231
云　南	Yunnan	42	2207	1281	670	1557
西　藏	Tibet					
陕　西	Shaanxi	165	11707	9695	5112	8568
甘　肃	Gansu	10	1165	1005	573	768
青　海	Qinghai	9	796	216	210	249
宁　夏	Ningxia	21	1973	1228	720	1236
新　疆	Xinjiang	5	162	48	32	88

2-2-5　续表 2　continued

地　区	Region	计算机及办公设备制造业 Manufacture of Computer and Office Equipments				
		有R&D活动的企业数（个） Number of Enterprises Having R&D Activities (unit)	R&D人员（人） R&D Personnel (person)	#全时人员 Full-time Personnel	#研究人员 Researchers	R&D人员折合全时当量（人年） Full-time Equivalent (man-year)
全　国	**Total**	**1600**	**118874**	**95806**	**39069**	**86834**
东部地区	Eastern Region	1230	93230	74972	30748	68773
中部地区	Middle Region	154	12140	10011	4034	8822
西部地区	Western Region	199	12188	9795	3705	8128
东北地区	Northeastern Region	17	1316	1028	582	1111
北　京	Beijing	33	3061	2305	1581	2336
天　津	Tianjin	15	3983	3532	1437	2975
河　北	Hebei	12	157	120	56	105
山　西	Shanxi	5	152	126	62	87
内蒙古	Inner Mongolia					
辽　宁	Liaoning	11	594	439	229	475
吉　林	Jilin	3	584	526	281	556
黑龙江	Heilongjiang	3	138	63	72	80
上　海	Shanghai	28	3449	3023	1623	3106
江　苏	Jiangsu	229	22605	17377	5016	15714
浙　江	Zhejiang	107	7539	5608	2194	5858
安　徽	Anhui	37	4193	3402	1630	2898
福　建	Fujian	58	9963	8851	4863	7715
江　西	Jiangxi	29	1866	1381	176	1272
山　东	Shandong	63	10040	8821	4581	7452
河　南	Henan	31	1673	1415	654	996
湖　北	Hubei	20	2303	2008	823	2075
湖　南	Hunan	32	1953	1679	689	1495
广　东	Guangdong	685	32433	25335	9397	23512
广　西	Guangxi	9	516	206	55	255
海　南	Hainan					
重　庆	Chongqing	128	9014	7477	2540	5969
四　川	Sichuan	49	2208	1763	884	1578
贵　州	Guizhou					
云　南	Yunnan	3	227	154	117	184
西　藏	Tibet					
陕　西	Shaanxi	7	194	173	100	120
甘　肃	Gansu					
青　海	Qinghai					
宁　夏	Ningxia					
新　疆	Xinjiang					

2-2-5 续表 3 continued

地 区	Region	医疗仪器设备及仪器仪表制造业 Manufacture of Medical Equipments and Measuring Instrument				
		有R&D活动的企业数（个）Number of Enterprises Having R&D Activities (unit)	R&D人员（人）R&D Personnel (person)	#全时人员 Full-time Personnel	#研究人员 Researchers	R&D人员折合全时当量（人年）Full-time Equivalent (man-year)
全 国	**Total**	**5798**	**206692**	**160619**	**77433**	**147093**
东部地区	Eastern Region	4357	159433	124010	58845	114497
中部地区	Middle Region	914	26325	20481	9917	18889
西部地区	Western Region	401	16224	12655	6709	10997
东北地区	Northeastern Region	126	4710	3473	1962	2711
北 京	Beijing	208	7411	5888	3156	5059
天 津	Tianjin	81	2213	1728	947	1355
河 北	Hebei	122	3039	2424	1065	2205
山 西	Shanxi	23	392	290	147	223
内蒙古	Inner Mongolia					
辽 宁	Liaoning	84	2789	2212	1274	1911
吉 林	Jilin	19	444	336	173	199
黑龙江	Heilongjiang	23	1477	925	515	601
上 海	Shanghai	229	9523	7704	4194	6143
江 苏	Jiangsu	1431	49144	37328	18927	35309
浙 江	Zhejiang	782	29799	21058	10025	23166
安 徽	Anhui	170	3492	2504	1245	2552
福 建	Fujian	154	5206	4417	1718	3699
江 西	Jiangxi	103	2681	1843	592	2046
山 东	Shandong	433	14766	11887	5355	10283
河 南	Henan	252	9347	7345	3689	7013
湖 北	Hubei	153	4810	3994	1972	3204
湖 南	Hunan	213	5603	4505	2272	3850
广 东	Guangdong	917	38332	31576	13458	27277
广 西	Guangxi	24	1046	893	457	822
海 南	Hainan					
重 庆	Chongqing	91	3893	3059	1602	2592
四 川	Sichuan	139	5377	3949	2036	3742
贵 州	Guizhou	16	369	278	169	282
云 南	Yunnan	19	524	359	127	310
西 藏	Tibet					
陕 西	Shaanxi	101	4699	3892	2180	3053
甘 肃	Gansu	3	27	12	10	23
青 海	Qinghai					
宁 夏	Ningxia	5	229	159	97	142
新 疆	Xinjiang					

2-2-5 续表 4 continued

地 区	Region	信息化学品制造业 Manufacture of Electronic Chemicals				
		有R&D活动的企业数(个) Number of Enterprises Having R&D Activities (unit)	R&D人员(人) R&D Personnel (person)	#全时人员 Full-time Personnel	#研究人员 Researchers	R&D人员折合全时当量(人年) Full-time Equivalent (man-year)
全 国	**Total**	**92**	**3508**	**2359**	**1139**	**2562**
东部地区	Eastern Region	39	1692	1186	536	1280
中部地区	Middle Region	44	1601	989	545	1132
西部地区	Western Region	7	171	144	41	122
东北地区	Northeastern Region					
北 京	Beijing					
天 津	Tianjin					
河 北	Hebei	3	117	69	50	100
山 西	Shanxi					
内蒙古	Inner Mongolia					
辽 宁	Liaoning					
吉 林	Jilin					
黑龙江	Heilongjiang					
上 海	Shanghai					
江 苏	Jiangsu	17	709	442	208	515
浙 江	Zhejiang	5	167	122	48	128
安 徽	Anhui	5	99	57	22	66
福 建	Fujian					
江 西	Jiangxi	11	184	141	54	148
山 东	Shandong	8	250	213	83	153
河 南	Henan	8	672	461	295	499
湖 北	Hubei	19	612	299	160	388
湖 南	Hunan					
广 东	Guangdong	4	417	332	142	359
广 西	Guangxi					
海 南	Hainan					
重 庆	Chongqing					
四 川	Sichuan					
贵 州	Guizhou					
云 南	Yunnan					
西 藏	Tibet					
陕 西	Shaanxi					
甘 肃	Gansu					
青 海	Qinghai					
宁 夏	Ningxia					
新 疆	Xinjiang					

2-3-1 各地区高技术产业R&D经费情况(2022年)
R&D Expenditure in High-tech Industry by Region(2022)

单位：万元 (10000 yuan)

地 区	Region	R&D经费内部支出 Intramural Expenditure on R&D	#人员劳务费 Labor Cost	#仪器和设备 Equipment	#政府资金 Government Funds	#企业资金 Self-raised Funds by Enterprises	R&D经费外部支出 External Expenditure on R&D
全 国	**Total**	**65077304**	**25210386**	**4651154**	**3064190**	**61870752**	**7640904**
东部地区	Eastern Region	47174299	20046950	2874137	1354674	45696634	5981187
中部地区	Middle Region	10202949	2884898	1116036	626469	9572426	742661
西部地区	Western Region	6563450	1918182	588657	888836	5661479	604607
东北地区	Northeaastern Region	1136607	360357	72325	194211	940213	312450
北 京	Beijing	2209862	860610	126081	199420	1992672	277578
天 津	Tianjin	919945	329602	93303	15604	874354	141092
河 北	Hebei	721132	228953	18936	20676	698471	158792
山 西	Shanxi	141752	48373	7896	9302	132368	14804
内蒙古	Inner Mongolia	181319	41308	5338	14737	166582	11964
辽 宁	Liaoning	786574	267794	39311	158358	626056	107128
吉 林	Jilin	166837	51352	21320	3533	163281	171309
黑龙江	Heilongjiang	183196	41210	11694	32320	150876	34013
上 海	Shanghai	2799882	1215362	316485	197253	2581461	272460
江 苏	Jiangsu	10462767	3808271	816385	189988	10239029	774637
浙 江	Zhejiang	4927410	2036772	369376	87784	4835704	416229
安 徽	Anhui	2138739	618363	253496	60737	2075056	188336
福 建	Fujian	3072913	1377041	225280	126971	2945457	101602
江 西	Jiangxi	1647505	354854	143454	169502	1477767	82710
山 东	Shandong	3635674	1257228	252165	58680	3567863	308924
河 南	Henan	1508818	605733	136216	14508	1493865	87412
湖 北	Hubei	2932659	749997	479304	180529	2751801	203311
湖 南	Hunan	1833476	507578	95671	191891	1641570	166089
广 东	Guangdong	18354795	8912902	651783	456971	17893423	3473544
广 西	Guangxi	180519	59660	6890	4213	176274	13944
海 南	Hainan	69919	20208	4343	1328	68200	56329
重 庆	Chongqing	1181175	400747	81155	21125	1158375	84259
四 川	Sichuan	2233774	751607	274529	231661	2000463	148394
贵 州	Guizhou	473671	112241	29795	94095	377213	25493
云 南	Yunnan	411215	44691	68113	11265	399950	83663
西 藏	Tibet	3752	2380	91	54	3698	1796
陕 西	Shaanxi	1463185	428206	79351	494556	961368	224265
甘 肃	Gansu	155732	47428	17878	8605	146973	4573
青 海	Qinghai	60845	12680	629	280	60565	2565
宁 夏	Ningxia	194349	13919	22607	6820	187528	302
新 疆	Xinjiang	23914	3316	2281	1425	22489	3390

2-3-2 按地区和企业规模分高技术产业R&D经费情况(2022年)
R&D Expenditure in High-tech Industry by Region and Industrial Sector(2022)

单位：万元 (10000 yuan)

地 区	Region	大型企业 Large-sized Enterprises					
		R&D经费内部支出 Intramural Expenditure on R&D	#人员劳务费 Labor Cost	#仪器和设备 Equipment	#政府资金 Government Funds	#企业资金 Self-raised Funds by Enterprises	R&D经费外部支出 External Expenditure on R&D
全 国	**Total**	**39567984**	**15907435**	**2923687**	**2345955**	**37135567**	**5531757**
东部地区	Eastern Region	29072858	12850948	1725525	853207	28146559	4497673
中部地区	Middle Region	5725993	1749055	739979	535087	5189159	418986
西部地区	Western Region	4063251	1093719	420321	794578	3258881	372669
东北地区	Northeaastern Region	705882	213713	37863	163083	540968	242428
北 京	Beijing	1066468	371840	42984	126980	937143	30369
天 津	Tianjin	453458	143801	57650	8087	415497	117707
河 北	Hebei	360122	131242	3857	6696	351595	134109
山 西	Shanxi	82891	34519	6264	5897	76994	727
内蒙古	Inner Mongolia	80676	21822	215	50	80626	3498
辽 宁	Liaoning	498717	166994	16935	132545	364340	86614
吉 林	Jilin	99697	27816	18453	63	99634	148852
黑龙江	Heilongjiang	107469	18903	2475	30475	76994	6962
上 海	Shanghai	1739558	691093	280164	163082	1558749	224261
江 苏	Jiangsu	5279457	1865537	413129	87061	5181676	319063
浙 江	Zhejiang	2501522	1165372	168565	25766	2474086	219079
安 徽	Anhui	1201782	343526	150381	21458	1179241	107928
福 建	Fujian	2101258	936310	154540	107963	1993292	32401
江 西	Jiangxi	853525	192803	74276	150244	703045	27480
山 东	Shandong	2060519	728391	149583	17122	2036081	201049
河 南	Henan	802199	398016	42792	7877	793897	54716
湖 北	Hubei	2058310	533105	411021	174381	1883929	135500
湖 南	Hunan	727285	247086	55246	175230	552052	92635
广 东	Guangdong	13483488	6807901	453896	310452	13171433	3219021
广 西	Guangxi	70896	35989	1966	1177	69686	8676
海 南	Hainan	27007	9460	1156		27007	615
重 庆	Chongqing	661645	234289	59782	6311	654096	57936
四 川	Sichuan	1325815	409915	213162	202534	1122775	78101
贵 州	Guizhou	285300	63369	16881	83301	200948	15931
云 南	Yunnan	312187	15158	63861	5224	306963	9256
西 藏	Tibet						
陕 西	Shaanxi	1048562	259210	47354	486827	554771	196421
甘 肃	Gansu	109618	38162	12196	6254	103364	1901
青 海	Qinghai	45388	9240			45388	
宁 夏	Ningxia	122564	6184	4895	2634	119930	14
新 疆	Xinjiang	600	383	9	268	333	936

2-3-2 续表 continued

单位：万元 (10000 yuan)

地区	Region	中型企业 Medium-sized Enterprises R&D经费内部支出 Intramural Expenditure on R&D	#人员劳务费 Labor Cost	#仪器和设备 Equipment	#政府资金 Government Funds	#企业资金 Self-raised Funds by Enterprises	R&D经费外部支出 External Expenditure on R&D
全国	**Total**	**13230739**	**4932338**	**941909**	**448092**	**12745347**	**1136849**
东部地区	Eastern Region	9661141	3863400	645489	307437	9320691	844357
中部地区	Middle Region	1921738	547576	168939	54279	1865570	176094
西部地区	Western Region	1398746	445336	99639	61733	1334615	81489
东北地区	Northeaastern Region	249114	76025	27842	24643	224471	34910
北京	Beijing	717674	295790	63903	48169	658296	206073
天津	Tianjin	192828	88346	16882	3202	189611	9252
河北	Hebei	163160	42472	8741	4336	158786	5781
山西	Shanxi	34420	7271	997	1930	32485	11006
内蒙古	Inner Mongolia	83295	14801	4389	14121	69173	3861
辽宁	Liaoning	177817	52793	17837	21506	156311	10920
吉林	Jilin	33209	13172	1149	2543	30667	14348
黑龙江	Heilongjiang	38088	10061	8856	594	37494	9642
上海	Shanghai	590422	281366	16728	12848	575810	23803
江苏	Jiangsu	2756615	998715	230124	80162	2660585	239808
浙江	Zhejiang	1271184	453611	109364	18760	1250546	89887
安徽	Anhui	418158	129377	67298	30807	385730	36329
福建	Fujian	568948	253490	43709	10104	558578	43036
江西	Jiangxi	362152	86634	29943	9298	352854	32109
山东	Shandong	713526	253555	44661	25386	688110	51684
河南	Henan	282742	99496	27405	3537	279206	18260
湖北	Hubei	414857	103296	28895	2081	412514	28761
湖南	Hunan	409409	121501	14401	6627	402782	49629
广东	Guangdong	2655829	1188740	108644	103431	2550844	138390
广西	Guangxi	33365	10980	609	1074	32291	3149
海南	Hainan	30955	7315	2733	1040	29525	36643
重庆	Chongqing	289078	89407	13474	12009	276950	15977
四川	Sichuan	499934	187220	36512	15664	483494	30227
贵州	Guizhou	137757	33400	6234	9522	126922	6381
云南	Yunnan	27394	9490	403	826	26568	2981
西藏	Tibet	2865	2055	90	49	2816	1129
陕西	Shaanxi	228787	85153	20632	3362	225236	14961
甘肃	Gansu	29057	4344	3910	1195	27863	1369
青海	Qinghai	12211	2261	586	80	12132	651
宁夏	Ningxia	50075	4644	12768	3260	46814	60
新疆	Xinjiang	4929	1583	33	571	4358	744

2-3-3 各地区国有及国有控股企业高技术产业R&D经费情况(2022年)

R&D Expenditure in High-tech Industry of State-owned and State-controlled Enterprises by Region (2022)

单位：万元 (10000 yuan)

地 区	Region	R&D经费内部支出 Intramural Expenditure on R&D	#人员劳务费 Labor Cost	#仪器和设备 Equipment	#政府资金 Government Funds	#企业资金 Self-raised Funds by Enterprises	R&D经费外部支出 External Expenditure on R&D
全 国	**Total**	**12065669**	**4227744**	**1387106**	**1990240**	**10055863**	**1537596**
东部地区	Eastern Region	6028982	2503199	555006	575959	5447013	987458
中部地区	Middle Region	3019781	910157	592019	424454	2593693	235559
西部地区	Western Region	2578116	731740	216784	822047	1746062	217083
东北地区	Northeaastern Region	438791	82648	23297	167780	269096	97496
北 京	Beijing	744521	301515	33153	134025	608147	36403
天 津	Tianjin	246195	95345	33654	9677	236518	28183
河 北	Hebei	75342	27875	2893	8326	65201	11618
山 西	Shanxi	36199	10815	2063	8085	28114	2108
内蒙古	Inner Mongolia	30010	6260	3279	10841	19169	2166
辽 宁	Liaoning	269991	52201	12891	135592	132483	54110
吉 林	Jilin	59106	13668	2481	978	58129	33495
黑龙江	Heilongjiang	109695	16779	7925	31210	78484	9891
上 海	Shanghai	871054	278367	260846	140611	729133	164315
江 苏	Jiangsu	769590	305686	68150	21040	748531	39985
浙 江	Zhejiang	79959	28196	5023	2402	77460	14401
安 徽	Anhui	435177	141567	118942	16516	417456	39200
福 建	Fujian	583615	239532	30964	69922	513691	24134
江 西	Jiangxi	325016	72439	49414	140172	184843	16742
山 东	Shandong	742964	299797	44131	18094	724841	104111
河 南	Henan	319385	137615	24233	8888	310071	6461
湖 北	Hubei	1393276	392681	355309	95078	1298198	129018
湖 南	Hunan	510729	155040	42058	155714	355011	42031
广 东	Guangdong	1908387	923614	76094	171861	1736526	562093
广 西	Guangxi	25976	7810	3032	838	25138	967
海 南	Hainan	7356	3271	99		6966	2214
重 庆	Chongqing	268930	94173	35606	12276	256535	9941
四 川	Sichuan	1021151	344465	83939	207489	813143	48916
贵 州	Guizhou	278965	68084	20919	92494	184108	20616
云 南	Yunnan	29778	11704	783	1598	28180	4387
西 藏	Tibet	930	704		38	892	
陕 西	Shaanxi	820419	181305	52672	488712	324700	128366
甘 肃	Gansu	92287	15157	13014	7448	84838	977
青 海	Qinghai	801	535			801	
宁 夏	Ningxia	6863	817	3539	193	6670	145
新 疆	Xinjiang	2007	727		120	1887	602

2-3-4 按地区和登记注册类型分高技术产业R&D经费情况(2022年)
R&D Expenditure in High-tech Industry by Region and Registration Status(2022)

单位：万元 (10000 yuan)

地区	Region	内资企业 Domestic Funded					
		R&D经费内部支出 Intramural Expenditure on R&D	#人员劳务费 Labor Cost	#仪器和设备 Equipment	#政府资金 Government Funds	#企业资金 Self-raised Funds by Enterprises	R&D经费外部支出 External Expenditure on R&D
全　国	**Total**	**50518918**	**19510892**	**3526910**	**2820851**	**47628402**	**6422145**
东部地区	Eastern Region	34756198	15053150	1942760	1124582	33579056	4991942
中部地区	Middle Region	9200765	2600390	1061819	617245	8579991	670999
西部地区	Western Region	5726531	1637934	470120	886228	4828909	577546
东北地区	Northeaastern Region	835425	219418	52211	192797	640445	181658
北　京	Beijing	1422602	582113	75669	156101	1257114	191466
天　津	Tianjin	703095	263593	52255	12122	667138	115240
河　北	Hebei	537474	178409	16409	18412	517077	48753
山　西	Shanxi	133406	43446	7775	9302	124021	14020
内蒙古	Inner Mongolia	163602	35483	5338	14737	148865	11569
辽　宁	Liaoning	526242	140703	32772	157027	367055	80659
吉　林	Jilin	132517	39775	7745	3466	129029	73282
黑龙江	Heilongjiang	176666	38940	11694	32304	144362	27716
上　海	Shanghai	1810255	717508	287513	166837	1640569	194474
江　苏	Jiangsu	6587856	2328065	530560	114434	6470506	449643
浙　江	Zhejiang	3310150	1237623	279247	65273	3244529	230691
安　徽	Anhui	1936963	581330	245951	57492	1876930	146694
福　建	Fujian	2411282	1029180	154861	113095	2297941	78392
江　西	Jiangxi	1553288	331875	135383	167939	1385113	76710
山　东	Shandong	2919867	1039756	174131	50264	2862294	294739
河　南	Henan	1333165	519857	125868	14062	1318657	75987
湖　北	Hubei	2588397	689569	460595	179291	2408897	194992
湖　南	Hunan	1655548	434312	86248	189159	1466374	162596
广　东	Guangdong	14996021	7658098	369446	426716	14566009	3354607
广　西	Guangxi	125123	33890	6809	4166	120925	13845
海　南	Hainan	57597	18806	2669	1328	55878	33937
重　庆	Chongqing	967924	316623	74543	20489	946998	83196
四　川	Sichuan	2007003	688885	172129	231235	1774439	127985
贵　州	Guizhou	459809	109672	25099	93902	363544	25242
云　南	Yunnan	399890	39719	67364	11230	388660	80694
西　藏	Tibet	3752	2380	91	54	3698	1796
陕　西	Shaanxi	1193780	340043	77974	494333	692367	222389
甘　肃	Gansu	155732	47428	17878	8605	146973	4573
青　海	Qinghai	45448	7696	629	280	45169	2565
宁　夏	Ningxia	186777	13345	19986	6128	180649	302
新　疆	Xinjiang	17691	2770	2281	1069	16622	3390

2-3-4　续表 1　continued

单位：万元 (10000 yuan)

地　区	Region	#国有企业 State-owned Enterprises R&D经费内部支出 Intramural Expenditure on R&D	#人员劳务费 Labor Cost	#仪器和设备 Equipment	#政府资金 Government Funds	#企业资金 Self-raised Funds by Enterprises	R&D经费外部支出 External Expenditure on R&D
全　国	**Total**	**654814**	**187518**	**89557**	**154714**	**497933**	**39031**
东部地区	Eastern Region	246492	76806	38059	34007	210319	16996
中部地区	Middle Region	242582	55324	30875	100204	142379	12910
西部地区	Western Region	146417	46360	13504	20498	125918	8972
东北地区	Northeaastern Region	19323	9027	7119	5	19317	154
北　京	Beijing	12338	4040	5	11101	1237	285
天　津	Tianjin	3257	1105	57	736	2521	
河　北	Hebei	9801	4731	1115	187	7838	186
山　西	Shanxi	9573	4439	1181	930	8643	379
内蒙古	Inner Mongolia	13223	2313	3247	9094	4129	281
辽　宁	Liaoning	13009	8526	1760	5	13003	154
吉　林	Jilin						
黑龙江	Heilongjiang	6315	501	5359		6315	
上　海	Shanghai	2900	1608	1201		2900	194
江　苏	Jiangsu	145165	47600	33215	8177	136988	3005
浙　江	Zhejiang						
安　徽	Anhui	3584	1424	213	518	3066	583
福　建	Fujian	50135	4646	1291	7020	43115	
江　西	Jiangxi	67591	12179	11665	47508	20083	9743
山　东	Shandong	11429	7612	5	5670	5759	12986
河　南	Henan	27162	4834	13600	200	26962	107
湖　北	Hubei	121233	27101	1579	50000	71233	4
湖　南	Hunan	13440	5348	2638	1048	12392	2094
广　东	Guangdong	7238	3004	1170	1117	6121	270
广　西	Guangxi						
海　南	Hainan	4229	2460			3839	69
重　庆	Chongqing	10138	3778	8	425	9714	77
四　川	Sichuan	22973	10526	1184	162	22811	2336
贵　州	Guizhou	35535	8400	3323	5851	29683	4383
云　南	Yunnan	5175	2366		349	4826	722
西　藏	Tibet						
陕　西	Shaanxi	48306	17101	2641	4073	44233	857
甘　肃	Gansu	11068	1876	3102	545	10523	315
青　海	Qinghai						
宁　夏	Ningxia						
新　疆	Xinjiang						

2-3-4 续表 2 continued

单位：万元 (10000 yuan)

地 区	Region	港澳台投资企业 Enterprises with Funds from Hong Kong, Macau and Taiwan					
		R&D经费内部支出 Intramural Expenditure on R&D	#人员劳务费 Labor Cost	#仪器和设备 Equipment	#政府资金 Government Funds	#企业资金 Self-raised Funds by Enterprises	R&D经费外部支出 External Expenditure on R&D
全 国	**Total**	**7015031**	**2739521**	**448603**	**120883**	**6886231**	**453159**
东部地区	Eastern Region	6136681	2464741	404424	114380	6014732	379799
中部地区	Middle Region	617971	181173	33143	4121	613502	50029
西部地区	Western Region	211248	77932	8248	1037	210212	15404
东北地区	Northeaastern Region	49131	15675	2788	1346	47785	7926
北 京	Beijing	536447	190588	33713	14559	521881	53547
天 津	Tianjin	42033	18890	9685		35978	39
河 北	Hebei	87182	20462	1400	1048	86134	17387
山 西	Shanxi	2429	1038	121		2429	784
内 蒙 古	Inner Mongolia	17428	5803			17428	395
辽 宁	Liaoning	45561	14079	2788	1303	44259	940
吉 林	Jilin	1424	425		28	1396	689
黑 龙 江	Heilongjiang	2146	1171		16	2130	6297
上 海	Shanghai	435362	235753	4148	4839	430523	62431
江 苏	Jiangsu	1709828	585434	123513	68247	1640821	130259
浙 江	Zhejiang	800613	390763	51753	4676	795938	20793
安 徽	Anhui	131757	14652	5016	678	130731	36858
福 建	Fujian	443217	215137	55856	9377	433839	12823
江 西	Jiangxi	37100	8070	5142	435	36665	2812
山 东	Shandong	229849	72431	13223	2221	227628	9271
河 南	Henan	128940	65934	6161	400	128540	5104
湖 北	Hubei	164968	24802	8809	60	164908	1256
湖 南	Hunan	152777	66676	7894	2547	150230	3215
广 东	Guangdong	1843134	734224	110397	9413	1832975	59656
广 西	Guangxi	16725	3801	57	23	16703	
海 南	Hainan	9015	1059	736		9015	13593
重 庆	Chongqing	122318	45440	1589	560	121758	485
四 川	Sichuan	33351	13614	5477	183	33168	11798
贵 州	Guizhou	587	227	4	24	563	
云 南	Yunnan	7425	3632	678		7425	1819
西 藏	Tibet						
陕 西	Shaanxi	11133	5056	414		11133	906
甘 肃	Gansu						
青 海	Qinghai						
宁 夏	Ningxia	2281	359	28	247	2033	
新 疆	Xinjiang						

2-3-4 续表 3 continued

单位：万元 (10000 yuan)

地区	Region	外商投资企业 Foreign Funded Enterprises R&D经费内部支出 Intramural Expenditure on R&D	#人员劳务费 Labor Cost	#仪器和设备 Equipment	#政府资金 Government Funds	#企业资金 Self-raised Funds by Enterprises	R&D经费外部支出 External Expenditure on R&D
全国	**Total**	**7543355**	**2959972**	**675641**	**122455**	**7356119**	**765601**
东部地区	Eastern Region	6281420	2529059	526953	115712	6102845	609446
中部地区	Middle Region	384213	103334	21074	5104	378932	21632
西部地区	Western Region	625670	202316	110288	1571	622358	11656
东北地区	Northeaastern Region	252052	125263	17326	68	251983	122866
北京	Beijing	250812	87910	16700	28761	213676	32565
天津	Tianjin	174817	47119	31363	3482	171238	25813
河北	Hebei	96476	30082	1127	1216	95260	92652
山西	Shanxi	5918	3889			5918	
内蒙古	Inner Mongolia	289	22			289	
辽宁	Liaoning	214771	113012	3752	28	214743	25528
吉林	Jilin	32896	11153	13574	40	32856	97338
黑龙江	Heilongjiang	4384	1099			4384	
上海	Shanghai	554265	262101	24824	25577	510368	15555
江苏	Jiangsu	2165084	894772	162312	7307	2127702	194735
浙江	Zhejiang	816647	408387	38375	17835	795237	164745
安徽	Anhui	70020	22380	2530	2567	67396	4784
福建	Fujian	218414	132724	14563	4499	213677	10387
江西	Jiangxi	57117	14908	2930	1128	55989	3188
山东	Shandong	485958	145042	64811	6194	477941	4914
河南	Henan	46713	19942	4186	45	46667	6321
湖北	Hubei	179294	35626	9900	1178	177996	7063
湖南	Hunan	25152	6590	1528	186	24966	277
广东	Guangdong	1515640	520580	171940	20842	1494439	59280
广西	Guangxi	38671	21969	24	25	38646	99
海南	Hainan	3307	343	939		3307	8800
重庆	Chongqing	90933	38685	5022	76	89619	578
四川	Sichuan	193419	49108	96924	243	192856	8610
贵州	Guizhou	13275	2342	4692	169	13105	251
云南	Yunnan	3901	1339	71	35	3866	1150
西藏	Tibet						
陕西	Shaanxi	258273	83107	963	222	257868	969
甘肃	Gansu						
青海	Qinghai	15396	4984			15396	
宁夏	Ningxia	5291	215	2593	445	4846	
新疆	Xinjiang	6223	546		356	5867	

2-3-5 按地区和行业分高技术产业R&D经费情况(2022年)
R&D Expenditure in High-tech Industry by Region and Industrial Sector(2022)

单位：万元 (10000 yuan)

地区	Region	医药制造业 Medical and Pharmaceutical Products Manufacturing					
		R&D经费内部支出 Intramural Expenditure on R&D	#人员劳务费 Labor Cost	#仪器和设备 Equipment	#政府资金 Government Funds	#企业资金 Self-raised Funds by Enterprises	R&D经费外部支出 External Expenditure on R&D
全　国	**Total**	**10488868**	**2709052**	**786486**	**204905**	**10243915**	**1645469**
东部地区	Eastern Region	7573632	1983343	558639	143479	7390780	1128283
中部地区	Middle Region	1544443	338483	124840	27067	1516909	214006
西部地区	Western Region	1082391	306396	88092	29363	1052841	176008
东北地区	Northeaastern Region	288403	80830	14915	4997	283384	127173
北　京	Beijing	577976	123272	46379	17470	560491	71012
天　津	Tianjin	246924	73412	27263	4679	242244	15401
河　北	Hebei	348205	97493	10591	9271	338841	148433
山　西	Shanxi	49269	11578	1095	673	48590	13301
内蒙古	Inner Mongolia	41013	13537	725	2512	38501	6446
辽　宁	Liaoning	139850	41630	7594	3093	136758	34523
吉　林	Jilin	104921	26951	6445	972	103927	75577
黑龙江	Heilongjiang	43632	12248	876	933	42699	17072
上　海	Shanghai	529413	231311	19913	4373	512813	90761
江　苏	Jiangsu	2266684	484653	128020	20662	2228939	344424
浙　江	Zhejiang	832522	252741	74911	17345	813212	140373
安　徽	Anhui	266788	56298	22865	6261	260075	40483
福　建	Fujian	175944	62193	20663	7256	168688	41352
江　西	Jiangxi	190790	44592	12975	7176	183615	44880
山　东	Shandong	1572948	401035	147732	16918	1548700	113912
河　南	Henan	323868	84352	32364	2240	321628	35928
湖　北	Hubei	435462	91430	43484	7222	428230	42587
湖　南	Hunan	278266	50234	12058	3494	274772	36827
广　东	Guangdong	960568	242097	78825	44179	915733	106355
广　西	Guangxi	30963	10820	1292	1760	29171	11614
海　南	Hainan	62449	15137	4343	1328	61120	56260
重　庆	Chongqing	208711	68488	21605	2255	206456	37786
四　川	Sichuan	464605	131752	48239	11548	453057	73477
贵　州	Guizhou	65360	19636	1717	1079	64281	3769
云　南	Yunnan	118005	20965	2790	4982	113022	20671
西　藏	Tibet	3752	2380	91	54	3698	1796
陕　西	Shaanxi	68203	18847	2703	1440	66763	11912
甘　肃	Gansu	55092	13302	6214	1891	53047	2620
青　海	Qinghai	4625	1952	629	200	4425	2286
宁　夏	Ningxia	12227	2139	680	572	11655	242
新　疆	Xinjiang	9836	2580	1407	1069	8768	3390

2-3-5 续表 1 continued

单位：万元 (10000 yuan)

地区	Region	电子及通信设备制造业 Manufacture of Electronic Equipment and Communication Equipment					
		R&D经费内部支出 Intramural Expenditure on R&D	#人员劳务费 Labor Cost	#仪器和设备 Equipment	#政府资金 Government Funds	#企业资金 Self-raised Funds by Enterprises	R&D经费外部支出 External Expenditure on R&D
全国	**Total**	**42457099**	**17348849**	**3240097**	**1328382**	**41078863**	**4865312**
东部地区	Eastern Region	31801928	14194304	1989969	944539	30812284	4232031
中部地区	Middle Region	6778226	1940377	859885	284439	6490648	374417
西部地区	Western Region	3524853	1056155	374591	81135	3442398	226042
东北地区	Northeaastern Region	352093	158013	15652	18269	333532	32822
北京	Beijing	1144715	488745	59515	152656	982801	175244
天津	Tianjin	428610	157640	42509	6880	415561	43246
河北	Hebei	286473	91475	3703	9843	276536	7079
山西	Shanxi	66838	25949	4853	2697	64064	737
内蒙古	Inner Mongolia	114826	22643	1152	1445	113382	3549
辽宁	Liaoning	327676	150858	14289	17000	310385	27963
吉林	Jilin	13817	4347	1364	968	12849	415
黑龙江	Heilongjiang	10601	2808		302	10299	4445
上海	Shanghai	1617572	611184	283737	56506	1553690	28556
江苏	Jiangsu	5973410	2290483	578461	145690	5812783	329089
浙江	Zhejiang	3171657	1356820	235180	46622	3123131	217260
安徽	Anhui	1639985	493722	215873	45089	1592402	110007
福建	Fujian	2420113	1017982	189185	115376	2304533	51145
江西	Jiangxi	1132566	229697	82333	21378	1110952	23066
山东	Shandong	1330656	481093	79694	20313	1308558	104001
河南	Henan	670767	298341	67189	2638	668129	9352
湖北	Hubei	2129625	553068	420134	170104	1959201	135632
湖南	Hunan	1138446	339599	69504	42533	1095902	95623
广东	Guangdong	15424494	7696422	517986	390653	15030853	3276342
广西	Guangxi	130745	41238	5161	1456	129290	971
海南	Hainan	4229	2460			3839	69
重庆	Chongqing	567675	178028	46765	9593	558081	22050
四川	Sichuan	1348217	484920	195902	42955	1304132	41172
贵州	Guizhou	184053	35263	11518	9704	174349	13502
云南	Yunnan	275960	16061	64467	5901	270059	61178
西藏	Tibet						
陕西	Shaanxi	580596	227041	20096	3685	576722	81929
甘肃	Gansu	75489	29829	6861	600	74889	1609
青海	Qinghai	55639	10369		80	55559	25
宁夏	Ningxia	177575	10028	21794	5360	172215	60
新疆	Xinjiang	14078	736	874	356	13722	

2-3-5 续表 2 continued

单位：万元 (10000 yuan)

地区	Region	计算机及办公设备制造业 Manufacture of Computer and Office Equipments					
		R&D经费内部支出 Intramural Expenditure on R&D	#人员劳务费 Labor Cost	#仪器和设备 Equipment	#政府资金 Government Funds	#企业资金 Self-raised Funds by Enterprises	R&D经费外部支出 External Expenditure on R&D
全　国	**Total**	**3550692**	**1605300**	**124641**	**35459**	**3487622**	**447431**
东部地区	Eastern Region	2826612	1372433	95711	31669	2768867	257982
中部地区	Middle Region	364746	93449	6365	2958	361788	76771
西部地区	Western Region	316772	122157	8464	787	314449	9797
东北地区	Northeaastern Region	42562	17261	14102	45	42517	102880
北　京	Beijing	126655	80217	2739	5027	121578	2581
天　津	Tianjin	146701	58729	18893	279	122605	78081
河　北	Hebei	2361	1171	30		2361	109
山　西	Shanxi	2119	1410	7	200	1919	84
内蒙古	Inner Mongolia						
辽　宁	Liaoning	8899	5310	615		8899	737
吉　林	Jilin	31260	10457	13487		31260	94888
黑龙江	Heilongjiang	2404	1494		45	2359	7255
上　海	Shanghai	89524	63908	217		87986	1265
江　苏	Jiangsu	634531	239637	29955	1488	633004	16147
浙　江	Zhejiang	194082	81308	3523	5674	188409	30681
安　徽	Anhui	105005	22564	864	1705	103300	32122
福　建	Fujian	363966	233678	8988	2126	361839	3276
江　西	Jiangxi	43114	6210	3482	763	42351	379
山　东	Shandong	354809	192069	8192	11037	343771	75399
河　南	Henan	95005	35999	1197		95005	35457
湖　北	Hubei	66279	11283	387	97	66182	1008
湖　南	Hunan	53224	15982	429	194	53030	7722
广　东	Guangdong	913984	421716	23175	6039	907314	50444
广　西	Guangxi	4691	1915	29		4691	298
海　南	Hainan						
重　庆	Chongqing	258851	93479	5959	723	256593	1109
四　川	Sichuan	44656	21695	1950	54	44602	8383
贵　州	Guizhou	89	60			89	
云　南	Yunnan	2735	2134	2		2735	
西　藏	Tibet						
陕　西	Shaanxi	5693	2822	524	10	5683	7
甘　肃	Gansu						
青　海	Qinghai						
宁　夏	Ningxia	56	53			56	
新　疆	Xinjiang						

2-3-5 续表 3 continued

单位：万元 (10000 yuan)

地区	Region	医疗仪器设备及仪器仪表制造业 Manufacture of Medical Equipments and Measuring Instrument					
		R&D经费内部支出 Intramural Expenditure on R&D	#人员劳务费 Labor Cost	#仪器和设备 Equipment	#政府资金 Government Funds	#企业资金 Self-raised Funds by Enterprises	R&D经费外部支出 External Expenditure on R&D
全　国	**Total**	**5659022**	**2764716**	**280412**	**151922**	**5498288**	**287059**
东部地区	Eastern Region	4521795	2289034	199685	104390	4409020	203164
中部地区	Middle Region	654375	262128	52268	13224	641034	29847
西部地区	Western Region	380161	170918	20055	23940	355949	49094
东北地区	Northeaastern Region	102691	42635	8404	10368	92285	4955
北　京	Beijing	264887	123711	9813	9115	249462	13507
天　津	Tianjin	67666	31922	2075	262	67404	4179
河　北	Hebei	66988	30842	2993	1375	65591	3113
山　西	Shanxi	6009	2660	35	238	5771	189
内蒙古	Inner Mongolia	646	279	214	40	606	
辽　宁	Liaoning	75251	28637	7990	10090	65123	2557
吉　林	Jilin	7140	3573	24	163	6976	429
黑龙江	Heilongjiang	20300	10425	391	115	20185	1969
上　海	Shanghai	419402	220292	11159	27674	391701	12266
江　苏	Jiangsu	1508033	770453	68278	19854	1486611	83508
浙　江	Zhejiang	713660	340324	52783	17856	695751	27717
安　徽	Anhui	84746	35311	4608	2902	81845	5516
福　建	Fujian	111451	62978	6445	2213	108958	5830
江　西	Jiangxi	43246	17651	1547	1307	41939	597
山　东	Shandong	361397	174315	15981	10198	351183	14544
河　南	Henan	219486	88038	29961	4440	214929	6063
湖　北	Hubei	121285	51529	8110	958	120327	10530
湖　南	Hunan	179603	66939	8008	3379	176223	6952
广　东	Guangdong	1008310	534196	30160	15843	992359	38501
广　西	Guangxi	11100	5604	409	998	10103	1062
海　南	Hainan						
重　庆	Chongqing	127989	54386	5814	8376	119473	22979
四　川	Sichuan	106352	50217	5595	6793	99533	3978
贵　州	Guizhou	7426	4558		224	7202	309
云　南	Yunnan	13826	5368	842	382	13444	1814
西　藏	Tibet						
陕　西	Shaanxi	107276	48289	7048	6240	100929	18698
甘　肃	Gansu	476	158			476	
青　海	Qinghai	581	360			581	255
宁　夏	Ningxia	4491	1699	132	888	3603	
新　疆	Xinjiang						

2-3-5 续表 4 continued

单位：万元 (10000 yuan)

地 区	Region	信息化学品制造业 Manufacture of Electronic Chemicals					
		R&D经费内部支出 Intramural Expenditure on R&D	#人员劳务费 Labor Cost	#仪器和设备 Equipment	#政府资金 Government Funds	#企业资金 Self-raised Funds by Enterprises	R&D经费外部支出 External Expenditure on R&D
全 国	**Total**	**95977**	**29805**	**5543**	**649**	**95328**	**2337**
东部地区	Eastern Region	50884	17969	1763	173	50711	1298
中部地区	Middle Region	38386	10114	3322	411	37975	678
西部地区	Western Region	6009	1195	428		6009	159
东北地区	Northeaastern Region	698	527	29	65	633	203
北 京	Beijing						
天 津	Tianjin						
河 北	Hebei	4046	2531	493		4046	
山 西	Shanxi						
内蒙古	Inner Mongolia						
辽 宁	Liaoning	698	527	29	65	633	203
吉 林	Jilin						
黑龙江	Heilongjiang						
上 海	Shanghai	224	131			224	
江 苏	Jiangsu	31595	7704	1024		31595	14
浙 江	Zhejiang	3292	1746	99		3292	75
安 徽	Anhui	1635	738	71		1635	62
福 建	Fujian	1412	189			1412	
江 西	Jiangxi	4738	1018	270	41	4697	271
山 东	Shandong	4975	2612	146	173	4802	1065
河 南	Henan	16668	3950	667	270	16398	87
湖 北	Hubei	14763	4139	2314	100	14663	258
湖 南	Hunan	583	270			583	
广 东	Guangdong	5341	3056	1		5341	143
广 西	Guangxi	3019	84			3019	
海 南	Hainan						
重 庆	Chongqing	1784	743	338		1784	158
四 川	Sichuan	529	56	69		529	
贵 州	Guizhou						
云 南	Yunnan						
西 藏	Tibet						
陕 西	Shaanxi	677	311	22		677	1
甘 肃	Gansu						
青 海	Qinghai						
宁 夏	Ningxia						
新 疆	Xinjiang						

2-4-1 各地区高技术产业新产品开发和销售情况(2022年)

New Products Development and Sale in High-tech Industry by Region(2022)

单位：万元 (10000 yuan)

地区	Region	新产品开发项目数(项) New Products (item)	新产品开发经费支出 Expenditure on New Products Development	新产品销售收入 Sales Revenue of New Products	#出口 Exports
全国	**Total**	**256482**	**85906282**	**875482574**	**279392077**
东部地区	Eastern Region	181293	64944215	610126070	211827960
中部地区	Middle Region	41443	12013690	177699308	49931284
西部地区	Western Region	27095	7498546	75806132	16358529
东北地区	Northeaastern Region	6651	1449831	11851065	1274304
北京	Beijing	8884	4359767	29261987	8370751
天津	Tianjin	4273	1036173	12893083	4454006
河北	Hebei	4968	787771	7859602	1671380
山西	Shanxi	1739	272242	7372455	4004583
内蒙古	Inner Mongolia	1017	222866	2704359	143151
辽宁	Liaoning	3191	871682	6928678	385300
吉林	Jilin	1561	332065	2610263	745039
黑龙江	Heilongjiang	1899	246085	2312124	143965
上海	Shanghai	6809	3706536	18163158	6192572
江苏	Jiangsu	33209	12162369	152413251	55807975
浙江	Zhejiang	29583	7290772	84466308	24125073
安徽	Anhui	8867	2827911	33638000	9215369
福建	Fujian	7466	3481493	29769000	10299285
江西	Jiangxi	9930	2130437	37265414	7179522
山东	Shandong	15683	3645609	54552867	19186977
河南	Henan	5394	1280397	44999951	21360335
湖北	Hubei	6519	3450149	28688541	4359680
湖南	Hunan	8994	2052554	25734948	3811795
广东	Guangdong	69351	28339999	220368327	81708410
广西	Guangxi	1787	234510	2511386	1128070
海南	Hainan	1067	133727	378487	11532
重庆	Chongqing	5584	1256662	18656311	10162142
四川	Sichuan	10177	2719934	24738904	3713909
贵州	Guizhou	2079	492345	3435195	107267
云南	Yunnan	1047	341803	3594490	110676
西藏	Tibet	58	3329		
陕西	Shaanxi	4354	1712261	12745383	608401
甘肃	Gansu	371	189694	1577193	273812
青海	Qinghai	97	76435	1553844	2815
宁夏	Ningxia	321	216028	4163442	108287
新疆	Xinjiang	203	32681	125625	

2-4-2 按地区和企业规模分高技术产业新产品开发和销售情况(2022年)
New Products Development and Sale in High-tech Industry by Region and Industrial Sector(2022)

单位：万元 (10000 yuan)

地区	Region	大型企业 Large-sized Enterprises			
		新产品开发项目数(项) New Products (item)	新产品开发经费支出 Expenditure on New Products Development	新产品销售收入 Sales Revenue of New Products	#出口 Exports
全国	**Total**	**42172**	**50876762**	**575104169**	**229974233**
东部地区	Eastern Region	27119	39134866	400370829	169831884
中部地区	Middle Region	7358	6493069	114222303	45865095
西部地区	Western Region	6434	4373674	52170612	13288002
东北地区	Northeaastern Region	1261	875153	8340424	989252
北京	Beijing	1398	2201330	19477772	7174764
天津	Tianjin	887	481888	8297701	3525173
河北	Hebei	549	318937	3480022	1170561
山西	Shanxi	548	168966	6295298	3993656
内蒙古	Inner Mongolia	308	60196	1347649	75702
辽宁	Liaoning	725	538109	5021379	125732
吉林	Jilin	249	198390	1509370	723520
黑龙江	Heilongjiang	287	138654	1809675	140000
上海	Shanghai	1015	2035211	10195372	4733701
江苏	Jiangsu	5894	6051219	97023547	45660384
浙江	Zhejiang	3537	3486424	43482030	15417166
安徽	Anhui	1467	1522800	17984294	8038375
福建	Fujian	1710	2349846	22921695	9027804
江西	Jiangxi	1822	1062820	22100256	5973959
山东	Shandong	3518	2024198	36810612	17384484
河南	Henan	1196	686916	40206415	20896381
湖北	Hubei	1313	2276087	16205731	3549270
湖南	Hunan	1012	775481	11430309	3413455
广东	Guangdong	8432	20148384	158475556	65727368
广西	Guangxi	323	79896	804806	335261
海南	Hainan	179	37431	206523	10480
重庆	Chongqing	1421	669351	13889562	9475315
四川	Sichuan	2537	1572859	17232808	2765113
贵州	Guizhou	782	288836	1963278	16253
云南	Yunnan	298	230743	2469945	76928
西藏	Tibet				
陕西	Shaanxi	574	1171122	9185181	269209
甘肃	Gansu	85	120717	1162601	270805
青海	Qinghai	16	35120	726262	
宁夏	Ningxia	36	143218	3388520	3417
新疆	Xinjiang	54	1617		

2-4-2 续表 continued

单位：万元 (10000 yuan)

地 区	Region	中型企业 Medium-sized Enterprises 新产品开发项目数(项) New Products (item)	新产品开发经费支出 Expenditure on New Products Development	新产品销售收入 Sales Revenue of New Products	#出口 Exports
全 国	**Total**	**61928**	**17331244**	**167287310**	**31190851**
东部地区	Eastern Region	42535	12932983	120130261	26978611
中部地区	Middle Region	9646	2371532	30123231	2125567
西部地区	Western Region	8154	1731381	14852952	1894252
东北地区	Northeaastern Region	1593	295348	2180865	192420
北 京	Beijing	2749	1227046	5158735	768859
天 津	Tianjin	941	224086	1680405	584643
河 北	Hebei	1228	221666	2468868	365372
山 西	Shanxi	646	56158	626970	3539
内 蒙 古	Inner Mongolia	362	131154	1096836	64166
辽 宁	Liaoning	495	182940	1177436	179396
吉 林	Jilin	452	64221	825410	12907
黑 龙 江	Heilongjiang	646	48187	178020	117
上 海	Shanghai	1887	892412	5387862	1126356
江 苏	Jiangsu	8238	3131166	33534726	6837949
浙 江	Zhejiang	7714	1893492	24501939	5581263
安 徽	Anhui	2038	572418	7156968	616231
福 建	Fujian	2071	625110	4344728	828996
江 西	Jiangxi	2134	485944	6818252	525286
山 东	Shandong	3181	719158	9510842	1114660
河 南	Henan	1346	255066	2157787	281714
湖 北	Hubei	1434	542310	7455457	543993
湖 南	Hunan	2048	459636	5907798	154804
广 东	Guangdong	14138	3935653	33447209	9769463
广 西	Guangxi	432	54488	705579	261218
海 南	Hainan	388	63194	94948	1052
重 庆	Chongqing	1670	309201	2934307	459188
四 川	Sichuan	2995	627140	4892137	662457
贵 州	Guizhou	662	150264	1043434	66118
云 南	Yunnan	151	32933	176227	915
西 藏	Tibet	19	2113		
陕 西	Shaanxi	1561	300647	2331522	272502
甘 肃	Gansu	80	30682	210308	47
青 海	Qinghai	29	34575	793214	2774
宁 夏	Ningxia	153	50062	669389	104870
新 疆	Xinjiang	40	8124		

2-4-3 各地区国有及国有控股企业高技术产业新产品开发和销售情况(2022年) New Products Development and Sale in High-tech Industry of State-owned and State-controlled Enterprises by Region (2022)

单位：万元 (10000 yuan)

地　区	Region	新产品开发项目数(项) New Products (item)	新产品开发经费支出 Expenditure on New Products Development	新产品销售收入 Sales Revenue of New Products	#出口 Exports
全　国	**Total**	**25755**	**15059326**	**122625546**	**18595799**
东部地区	Eastern Region	13545	8067438	68339771	13111168
中部地区	Middle Region	4482	3441125	22756904	3027523
西部地区	Western Region	6506	2983295	25454222	2438973
东北地区	Northeaastern Region	1222	567468	6074649	18136
北　京	Beijing	2448	1246702	5290632	461231
天　津	Tianjin	1056	304076	2155782	91690
河　北	Hebei	485	107146	780361	33444
山　西	Shanxi	361	81886	635975	181759
内蒙古	Inner Mongolia	126	44010	89243	
辽　宁	Liaoning	537	298231	4266874	10882
吉　林	Jilin	227	132072	155680	7136
黑龙江	Heilongjiang	458	137166	1652095	117
上　海	Shanghai	926	1028156	3489539	807579
江　苏	Jiangsu	3013	915487	8499575	1531522
浙　江	Zhejiang	521	131136	1927096	55496
安　徽	Anhui	916	570620	5557950	1458368
福　建	Fujian	929	625696	3823929	851748
江　西	Jiangxi	715	344461	5078008	171444
山　东	Shandong	1416	745770	11539560	2169597
河　南	Henan	580	298554	1478640	178608
湖　北	Hubei	1140	1618886	6000096	1020557
湖　南	Hunan	770	526718	4006235	16786
广　东	Guangdong	2671	2952707	30825309	7108862
广　西	Guangxi	175	30570	404319	138700
海　南	Hainan	80	10562	7989	
重　庆	Chongqing	1431	285568	3241007	892410
四　川	Sichuan	1799	1261035	14075507	1102215
贵　州	Guizhou	1084	300883	1630236	72609
云　南	Yunnan	293	52160	108094	416
西　藏	Tibet	2	326		
陕　西	Shaanxi	1392	894424	5452938	186585
甘　肃	Gansu	128	96442	431301	46038
青　海	Qinghai	16	646	233	
宁　夏	Ningxia	30	9291	21343	
新　疆	Xinjiang	30	7940		

2-4-4　按地区和登记注册类型分高技术产业新产品开发和销售情况(2022年)
New Products Development and Sale in High-tech Industry by Region and Registration Status (2022)

单位：万元　(10000 yuan)

地　区	Region	内资企业 Domestic Funded			
		新产品开发项目数(项) New Products (item)	新产品开发经费支出 Expenditure on New Products Development	新产品销售收入 Sales Revenue of New Products	#出口 Exports
全　国	**Total**	**220213**	**66854776**	**594879786**	**117982126**
东部地区	Eastern Region	150405	48346059	389021753	89953353
中部地区	Middle Region	38446	10725662	131738866	20129485
西部地区	Western Region	25278	6671129	63726568	6736413
东北地区	Northeaastern Region	6084	1111927	10392600	1162874
北　京	Beijing	7182	2805268	10985801	1034893
天　津	Tianjin	3621	772296	10162529	2540158
河　北	Hebei	4556	609375	6893859	1606733
山　西	Shanxi	1676	259824	3782355	2144861
内蒙古	Inner Mongolia	926	214553	2616949	143151
辽　宁	Liaoning	2802	585540	6245055	286495
吉　林	Jilin	1459	287212	1946665	732415
黑龙江	Heilongjiang	1823	239175	2200880	143965
上　海	Shanghai	4909	2291214	7712811	1803288
江　苏	Jiangsu	26113	7563870	86889867	14876099
浙　江	Zhejiang	25161	4872553	53325241	13407714
安　徽	Anhui	8002	2509930	23389097	3469630
福　建	Fujian	6003	2785748	19407033	4727582
江　西	Jiangxi	9251	1955723	34867489	6642017
山　东	Shandong	13683	2932791	42308130	12612206
河　南	Henan	5065	1144967	28082638	5192890
湖　北	Hubei	5969	3031878	19869474	1583331
湖　南	Hunan	8483	1823339	21747813	1096755
广　东	Guangdong	58302	23603055	151043629	37334201
广　西	Guangxi	1564	180894	2173623	833777
海　南	Hainan	875	109889	292853	10480
重　庆	Chongqing	5146	1104326	10939066	2821522
四　川	Sichuan	9498	2443611	22286994	1959738
贵　州	Guizhou	2042	481840	3319277	99963
云　南	Yunnan	962	326616	3407310	85507
西　藏	Tibet	58	3329		
陕　西	Shaanxi	4151	1428363	12101835	474056
甘　肃	Gansu	371	189694	1577193	273812
青　海	Qinghai	92	66533	1425519	2815
宁　夏	Ningxia	278	204984	3828169	42072
新　疆	Xinjiang	190	26388	50634	

2-4-4 续表 1 continued

单位：万元 (10000 yuan)

地区	Region	#国有企业 State-owned Enterprises 新产品开发项目数(项) New Products (item)	新产品开发经费支出 Expenditure on New Products Development	新产品销售收入 Sales Revenue of New Products	#出口 Exports
全 国	**Total**	**1632**	**713142**	**3777237**	**153952**
东部地区	Eastern Region	677	280876	1166517	4434
中部地区	Middle Region	262	252282	1854081	130421
西部地区	Western Region	587	177289	658868	19097
东北地区	Northeaastern Region	106	2696	97772	
北 京	Beijing	59	44188	410994	
天 津	Tianjin	81	7181	58060	290
河 北	Hebei	75	3257	170678	17
山 西	Shanxi	38	12525	13721	2779
内蒙古	Inner Mongolia	78	31912	70852	
辽 宁	Liaoning	97	658	94273	
吉 林	Jilin				
黑龙江	Heilongjiang	9	2038	3499	
上 海	Shanghai	7	2394	9837	
江 苏	Jiangsu	259	144955	328832	46
浙 江	Zhejiang				
安 徽	Anhui	27	6455	38842	2075
福 建	Fujian	16	50150		
江 西	Jiangxi	79	70624	1231164	563
山 东	Shandong	81	12449	136278	1940
河 南	Henan	27	27217	39870	
湖 北	Hubei	26	121646	515620	125005
湖 南	Hunan	65	13816	14864	
广 东	Guangdong	67	10043	44107	2141
广 西	Guangxi				
海 南	Hainan	32	6259	7732	
重 庆	Chongqing	71	10739	65705	1
四 川	Sichuan	60	26466	59529	2645
贵 州	Guizhou	232	35485	86855	
云 南	Yunnan	21	5313	9876	
西 藏	Tibet				
陕 西	Shaanxi	92	47123	275671	16452
甘 肃	Gansu	29	19602	90380	
青 海	Qinghai	3	343		
宁 夏	Ningxia				
新 疆	Xinjiang	1	307		

2-4-4　续表 2　continued

单位：万元　　　　(10000 yuan)

地　区	Region	港澳台投资企业 Enterprises with Funds from Hong Kong, Macau and Taiwan			
		新产品开发项目数(项) New Products (item)	新产品开发经费支出 Expenditure on New Products Development	新产品销售收入 Sales Revenue of New Products	#出口 Exports
全　国	**Total**	**17642**	**9925863**	**159160978**	**94791850**
东部地区	Eastern Region	15003	8922739	122933627	67793306
中部地区	Middle Region	1758	776287	34508977	26212712
西部地区	Western Region	651	174186	1238997	753618
东北地区	Northeaastern Region	230	52650	479378	32214
北　京	Beijing	762	1105656	16778055	6885859
天　津	Tianjin	207	47768	837279	609252
河　北	Hebei	73	86202	161821	21998
山　西	Shanxi	45	6128	3590100	1859722
内蒙古	Inner Mongolia	89	8238	87410	
辽　宁	Liaoning	145	47314	394381	27290
吉　林	Jilin	37	2869	66349	4924
黑龙江	Heilongjiang	48	2467	18647	
上　海	Shanghai	975	679054	5894710	2343241
江　苏	Jiangsu	2843	2086941	33513319	23364287
浙　江	Zhejiang	1514	1266597	11633887	2376893
安　徽	Anhui	556	217893	8727199	5267533
福　建	Fujian	802	447492	8189266	4925947
江　西	Jiangxi	343	64540	943068	255962
山　东	Shandong	811	221066	3560182	920741
河　南	Henan	186	91914	16615912	16115565
湖　北	Hubei	252	200389	1053114	35350
湖　南	Hunan	376	195423	3579585	2678581
广　东	Guangdong	6935	2968240	42279474	26344037
广　西	Guangxi	118	15091	290089	252613
海　南	Hainan	81	13723	85635	1052
重　庆	Chongqing	138	83137	382372	329377
四　川	Sichuan	180	40277	145518	48731
贵　州	Guizhou	15	558	825	578
云　南	Yunnan	59	11488	153978	23189
西　藏	Tibet				
陕　西	Shaanxi	44	12927	143705	99130
甘　肃	Gansu				
青　海	Qinghai				
宁　夏	Ningxia	8	2471	35101	
新　疆	Xinjiang				

2-4-4 续表 3 continued

单位：万元 (10000 yuan)

地 区	Region	外商投资企业 Foreign Funded Enterprises			
		新产品开发项目数(项) New Products (item)	新产品开发经费支出 Expenditure on New Products Development	新产品销售收入 Sales Revenue of New Products	#出口 Exports
全 国	**Total**	**18627**	**9125644**	**121441810**	**66618102**
东部地区	Eastern Region	15885	7675417	98170690	54081300
中部地区	Middle Region	1239	511741	11451465	3589087
西部地区	Western Region	1166	653231	10840567	8868499
东北地区	Northeaastern Region	337	285255	979087	79215
北 京	Beijing	940	448843	1498131	449999
天 津	Tianjin	445	216108	1893275	1304596
河 北	Hebei	339	92194	803922	42650
山 西	Shanxi	18	6290		
内蒙古	Inner Mongolia	2	75		
辽 宁	Liaoning	244	238828	289241	71515
吉 林	Jilin	65	41984	597249	7700
黑龙江	Heilongjiang	28	4443	92598	
上 海	Shanghai	925	736268	4555636	2046043
江 苏	Jiangsu	4253	2511558	32010065	17567589
浙 江	Zhejiang	2908	1151622	19507180	8340467
安 徽	Anhui	309	100089	1521705	478206
福 建	Fujian	661	248253	2172701	645756
江 西	Jiangxi	336	110174	1454856	281543
山 东	Shandong	1189	491752	8684556	5654030
河 南	Henan	143	43515	301401	51880
湖 北	Hubei	298	217881	7765953	2740999
湖 南	Hunan	135	33792	407550	36459
广 东	Guangdong	4114	1768704	27045225	18030172
广 西	Guangxi	105	38526	47674	41680
海 南	Hainan	111	10116		
重 庆	Chongqing	300	69198	7334873	7011242
四 川	Sichuan	499	236046	2306392	1705441
贵 州	Guizhou	22	9948	115093	6727
云 南	Yunnan	26	3700	33203	1980
西 藏	Tibet				
陕 西	Shaanxi	159	270971	499844	35215
甘 肃	Gansu				
青 海	Qinghai	5	9901	128325	
宁 夏	Ningxia	35	8573	300173	66215
新 疆	Xinjiang	13	6293	74991	

2-4-5　按地区和行业分高技术产业新产品开发和销售情况(2022年)

New Products Development and Sale in High-tech Industry by Region and Industrial Sector (2022)

单位：万元　　(10000 yuan)

地　区	Region	医药制造业 Medical and Pharmaceutical Products Manufacturing			
		新产品开发项目数(项) New Products (item)	新产品开发经费支出 Expenditure on New Products Development	新产品销售收入 Sales Revenue of New Products	#出口 Exports
全　国	**Total**	**56123**	**12697698**	**100493102**	**12364790**
东部地区	Eastern Region	33248	9274756	66706289	9372663
中部地区	Middle Region	11544	1761018	20593131	1215573
西部地区	Western Region	8379	1211885	9828264	968860
东北地区	Northeaastern Region	2952	450040	3365417	807694
北　京	Beijing	2522	1316428	3995466	316491
天　津	Tianjin	1129	280124	2181198	372203
河　北	Hebei	1857	361920	3390891	461102
山　西	Shanxi	878	70096	1094188	187480
内蒙古	Inner Mongolia	438	36981	241130	16696
辽　宁	Liaoning	792	152917	1294234	92048
吉　林	Jilin	993	228304	1652086	715035
黑龙江	Heilongjiang	1167	68820	419097	611
上　海	Shanghai	1691	660389	2357089	229666
江　苏	Jiangsu	5959	2464220	17170382	1489495
浙　江	Zhejiang	5801	1030216	10858708	3730442
安　徽	Anhui	2164	363987	4470544	226358
福　建	Fujian	1268	244432	2570569	464440
江　西	Jiangxi	1941	211120	2616097	225882
山　东	Shandong	6658	1531058	16566719	1681576
河　南	Henan	1881	300923	2655242	128676
湖　北	Hubei	2366	487393	5186788	367925
湖　南	Hunan	2314	327498	4570272	79253
广　东	Guangdong	5356	1263203	7244512	615716
广　西	Guangxi	596	38528	475605	58644
海　南	Hainan	1007	122766	370755	11532
重　庆	Chongqing	1328	233565	2937191	706592
四　川	Sichuan	3499	524918	3297581	64857
贵　州	Guizhou	485	60812	795507	104
云　南	Yunnan	640	125020	805346	27503
西　藏	Tibet	54	3241		
陕　西	Shaanxi	803	86106	814560	16178
甘　肃	Gansu	209	70112	375956	46084
青　海	Qinghai	44	2929	494	
宁　夏	Ningxia	117	13130	79816	32204
新　疆	Xinjiang	166	16545	5078	

2-4-5 续表 1 continued

单位：万元 (10000 yuan)

地 区	Region	电子及通信设备制造业 Manufacture of Electronic Equipment and Communication Equipment			
		新产品开发项目数（项） New Products (item)	新产品开发经费支出 Expenditure on New Products Development	新产品销售收入 Sales Revenue of New Products	#出口 Exports
全 国	**Total**	**126721**	**56877598**	**611768971**	**204663707**
东部地区	Eastern Region	93979	44565117	436687708	157934418
中部地区	Middle Region	20606	7978421	131012083	39306751
西部地区	Western Region	10730	3933279	42619401	7149913
东北地区	Northeaastern Region	1406	400781	1449779	272626
北 京	Beijing	2841	1884089	19897283	7784827
天 津	Tianjin	1735	459500	6557941	2067865
河 北	Hebei	1385	287518	3323657	1157068
山 西	Shanxi	376	122326	6010373	3811965
内 蒙 古	Inner Mongolia	507	147946	2406780	126455
辽 宁	Liaoning	957	345433	978674	247459
吉 林	Jilin	334	41534	267530	22304
黑 龙 江	Heilongjiang	115	13814	203575	2863
上 海	Shanghai	2554	2134126	11793918	3943295
江 苏	Jiangsu	15889	7040570	93275249	27965045
浙 江	Zhejiang	14676	4796022	60611654	17156147
安 徽	Anhui	4914	2067546	19148379	3272674
福 建	Fujian	4487	2694524	22881220	7970150
江 西	Jiangxi	6601	1522993	27168391	4101717
山 东	Shandong	4131	1326384	27906563	16319445
河 南	Henan	1663	526103	39014834	20850146
湖 北	Hubei	2750	2485928	21596965	3859593
湖 南	Hunan	4302	1253525	18073141	3410655
广 东	Guangdong	46249	23936126	190432493	73570577
广 西	Guangxi	791	160326	1853113	978797
海 南	Hainan	32	6259	7732	
重 庆	Chongqing	2003	645989	6096341	1874901
四 川	Sichuan	4228	1489353	14369022	3223737
贵 州	Guizhou	935	198383	1765148	80485
云 南	Yunnan	277	184652	2681836	58488
西 藏	Tibet	4	88		
陕 西	Shaanxi	1666	721654	6722270	509837
甘 肃	Gansu	120	102866	1109377	224767
青 海	Qinghai	51	72925	1553350	2815
宁 夏	Ningxia	125	194090	3942574	69631
新 疆	Xinjiang	23	15007	119591	

2-4-5　续表 2　continued

单位：万元　(10000 yuan)

地　区	Region	计算机及办公设备制造业 Manufacture of Computer and Office Equipments 新产品开发项目数(项) New Products (item)	新产品开发经费支出 Expenditure on New Products Development	新产品销售收入 Sales Revenue of New Products	#出口 Exports
全　国	**Total**	**15428**	**4833783**	**86445856**	**53361709**
东部地区	Eastern Region	12451	3926652	62879645	36983237
中部地区	Middle Region	1526	563672	14108907	8729313
西部地区	Western Region	1327	288398	8844516	7636985
东北地区	Northeaastern Region	124	55062	612789	12173
北　京	Beijing	431	474742	2419032	108300
天　津	Tianjin	247	166197	3207527	1645233
河　北	Hebei	141	8618	34437	6466
山　西	Shanxi	97	31066	68737	
内蒙古	Inner Mongolia	6	494		
辽　宁	Liaoning	86	12607	38456	4473
吉　林	Jilin	15	39690	571667	7700
黑龙江	Heilongjiang	23	2764	2666	
上　海	Shanghai	209	135450	1946599	1803454
江　苏	Jiangsu	1416	750549	28578126	24314409
浙　江	Zhejiang	1228	245510	3298771	1376108
安　徽	Anhui	642	211454	8401280	5493674
福　建	Fujian	607	397237	3355596	1729673
江　西	Jiangxi	222	86470	3686890	2821019
山　东	Shandong	773	365059	6404608	855064
河　南	Henan	134	64882	1109739	138334
湖　北	Hubei	139	102787	32348	2494
湖　南	Hunan	292	67012	809913	273792
广　东	Guangdong	7399	1383291	13634949	5144530
广　西	Guangxi	107	9254	117091	59791
海　南	Hainan				
重　庆	Chongqing	750	190389	8479315	7535784
四　川	Sichuan	345	62610	146969	41356
贵　州	Guizhou	8	722	5555	
云　南	Yunnan	41	16446	37619	54
西　藏	Tibet				
陕　西	Shaanxi	67	7579	57322	
甘　肃	Gansu				
青　海	Qinghai				
宁　夏	Ningxia	1	87	646	
新　疆	Xinjiang	2	817		

2-4-5 续表 3 continued

单位：万元 (10000 yuan)

地区	Region	医疗仪器设备及仪器仪表制造业 Manufacture of Medical Equipments and Measuring Instrument 新产品开发项目数（项） New Products (item)	新产品开发经费支出 Expenditure on New Products Development	新产品销售收入 Sales Revenue of New Products	#出口 Exports
全　国	**Total**	**51068**	**7973757**	**50021838**	**8013124**
东部地区	Eastern Region	39179	6495349	40334386	7228738
中部地区	Middle Region	6329	820135	5968341	420366
西部地区	Western Region	4255	513077	2968837	182209
东北地区	Northeaastern Region	1305	145196	750274	181811
北　京	Beijing	2602	502601	2178611	160900
天　津	Tianjin	974	96198	804123	361063
河　北	Hebei	1411	111446	793703	39678
山　西	Shanxi	188	16626	117852	2359
内蒙古	Inner Mongolia	10	632	4028	
辽　宁	Liaoning	865	105016	503464	41320
吉　林	Jilin	187	13695	57143	
黑龙江	Heilongjiang	253	26486	189668	140491
上　海	Shanghai	2118	576409	1581430	214124
江　苏	Jiangsu	9503	1793034	12368771	1879130
浙　江	Zhejiang	7621	1179906	9438401	1787973
安　徽	Anhui	1010	141812	1441274	218670
福　建	Fujian	1093	143856	939412	135022
江　西	Jiangxi	829	69229	735892	30277
山　东	Shandong	3949	394701	3350161	291052
河　南	Henan	1489	202569	1128422	96159
湖　北	Hubei	996	175372	816576	28538
湖　南	Hunan	1817	214528	1728326	44363
广　东	Guangdong	9908	1697199	8879775	2359796
广　西	Guangxi	272	22891	65301	30821
海　南	Hainan				
重　庆	Chongqing	1453	172097	1093192	44086
四　川	Sichuan	1334	154577	714241	55182
贵　州	Guizhou	122	9542	65135	3518
云　南	Yunnan	80	14990	68166	23203
西　藏	Tibet				
陕　西	Shaanxi	869	126647	811038	15987
甘　肃	Gansu	23	2087	6375	2961
青　海	Qinghai	2	581		
宁　夏	Ningxia	78	8721	140405	6451
新　疆	Xinjiang	12	313	956	

2-4-5 续表 4 continued

单位：万元 (10000 yuan)

地 区	Region	信息化学品制造业 Manufacture of Electronic Chemicals 新产品开发项目数(项) New Products (item)	新产品开发经费支出 Expenditure on New Products Development	新产品销售收入 Sales Revenue of New Products	#出口 Exports
全 国	**Total**	**678**	**160819**	**2369680**	**360614**
东部地区	Eastern Region	458	106038	1331749	125720
中部地区	Middle Region	170	46299	953808	234877
西部地区	Western Region	39	8034	80981	17
东北地区	Northeaastern Region	11	448	3142	
北 京	Beijing				
天 津	Tianjin				
河 北	Hebei	63	11045	155593	6988
山 西	Shanxi				
内 蒙 古	Inner Mongolia				
辽 宁	Liaoning	11	448	3142	
吉 林	Jilin				
黑 龙 江	Heilongjiang				
上 海	Shanghai	5	224	3486	143
江 苏	Jiangsu	123	53608	621935	27926
浙 江	Zhejiang	87	10049	127312	48023
安 徽	Anhui	13	2148	12636	1464
福 建	Fujian	11	1444	22203	
江 西	Jiangxi	46	5854	90180	611
山 东	Shandong	97	17497	279112	27240
河 南	Henan	45	9956	322630	146325
湖 北	Hubei	62	27299	520807	86477
湖 南	Hunan	4	1042	7556	
广 东	Guangdong	72	12171	122109	15400
广 西	Guangxi	21	3511	277	17
海 南	Hainan				
重 庆	Chongqing	6	2239	14056	
四 川	Sichuan	6	1251	210	
贵 州	Guizhou				
云 南	Yunnan				
西 藏	Tibet				
陕 西	Shaanxi	6	1033	66439	
甘 肃	Gansu				
青 海	Qinghai				
宁 夏	Ningxia				
新 疆	Xinjiang				

2-5-1 各地区高技术产业专利情况(2022年)
Statistics on Patents in High-tech Industry by Region(2022)

单位：件 (piece)

地 区	Region	专利申请数 Patent Applications	#发明专利 Invention Patents	有效发明专利数 Number of Patents In Force
全 国	**Total**	**434039**	**223501**	**809824**
东部地区	Eastern Region	329616	173119	650731
中部地区	Middle Region	65697	31432	92203
西部地区	Western Region	32736	16034	54148
东北地区	Northeaastern Region	5990	2916	12742
北 京	Beijing	17170	12039	49331
天 津	Tianjin	4705	2309	8372
河 北	Hebei	3898	1765	6578
山 西	Shanxi	1019	434	1635
内 蒙 古	Inner Mongolia	608	272	940
辽 宁	Liaoning	3914	1923	8675
吉 林	Jilin	1124	582	2161
黑 龙 江	Heilongjiang	952	411	1906
上 海	Shanghai	12616	7429	36251
江 苏	Jiangsu	60474	27582	97681
浙 江	Zhejiang	38929	16214	50919
安 徽	Anhui	18646	10075	20273
福 建	Fujian	18513	10627	21978
江 西	Jiangxi	10518	3652	10962
山 东	Shandong	18149	7722	27157
河 南	Henan	8652	2709	9215
湖 北	Hubei	18295	10644	36907
湖 南	Hunan	8567	3918	13211
广 东	Guangdong	154936	87274	351610
广 西	Guangxi	1624	531	2369
海 南	Hainan	226	158	854
重 庆	Chongqing	5477	2300	8524
四 川	Sichuan	14612	7776	23894
贵 州	Guizhou	2380	1226	3787
云 南	Yunnan	882	250	1784
西 藏	Tibet	12	12	104
陕 西	Shaanxi	5737	3070	10713
甘 肃	Gansu	632	305	898
青 海	Qinghai	191	62	354
宁 夏	Ningxia	480	199	508
新 疆	Xinjiang	101	31	273

2-5-2　按地区和企业规模分高技术产业专利情况(2022年)
Statistics on Patents in High-tech Industry by Region and Industrial Sector(2022)

单位：件　　(piece)

地　区	Region	大型企业　Large-sized Enterprises		
		专利申请数 Patent Applications	#发明专利 Invention Patents	有效发明专利数 Number of Patents In Force
全　国	**Total**	**180034**	**128388**	**479451**
东部地区	Eastern Region	138722	100799	402778
中部地区	Middle Region	25878	17653	47354
西部地区	Western Region	13372	8611	24064
东北地区	Northeaastern Region	2062	1325	5255
北　京	Beijing	6263	5492	32093
天　津	Tianjin	1093	764	2779
河　北	Hebei	835	636	2435
山　西	Shanxi	311	127	335
内蒙古	Inner Mongolia	257	105	125
辽　宁	Liaoning	1680	1053	4253
吉　林	Jilin	175	102	402
黑龙江	Heilongjiang	207	170	600
上　海	Shanghai	4259	3592	23726
江　苏	Jiangsu	12793	7134	24510
浙　江	Zhejiang	15074	7868	23943
安　徽	Anhui	8607	6292	7379
福　建	Fujian	11185	7927	11647
江　西	Jiangxi	2536	1115	5341
山　东	Shandong	6262	3717	12107
河　南	Henan	2684	1420	3483
湖　北	Hubei	9832	7530	25772
湖　南	Hunan	1908	1169	5044
广　东	Guangdong	80933	63657	269359
广　西	Guangxi	265	177	665
海　南	Hainan	25	12	179
重　庆	Chongqing	2051	1165	4222
四　川	Sichuan	6955	4803	11959
贵　州	Guizhou	850	558	1509
云　南	Yunnan	210	85	571
西　藏	Tibet			
陕　西	Shaanxi	2204	1408	4365
甘　肃	Gansu	337	213	319
青　海	Qinghai	90	34	137
宁　夏	Ningxia	141	55	158
新　疆	Xinjiang	12	8	34

2-5-2 续表 continued

单位：件 (piece)

地 区	Region	中型企业 Medium-sized Enterprises		
		专利申请数 Patent Applications	#发明专利 Invention Patents	有效发明专利数 Number of Patents In Force
全 国	**Total**	**97472**	**44665**	**133690**
东部地区	Eastern Region	75814	35344	103260
中部地区	Middle Region	12519	5002	15112
西部地区	Western Region	7710	3589	12392
东北地区	Northeaastern Region	1429	730	2926
北 京	Beijing	5479	3920	8769
天 津	Tianjin	1241	589	1560
河 北	Hebei	887	413	1381
山 西	Shanxi	238	128	491
内 蒙 古	Inner Mongolia	197	120	395
辽 宁	Liaoning	847	444	1692
吉 林	Jilin	355	183	677
黑 龙 江	Heilongjiang	227	103	557
上 海	Shanghai	3540	2209	5538
江 苏	Jiangsu	18955	9685	25236
浙 江	Zhejiang	8532	3761	12420
安 徽	Anhui	2400	1063	3528
福 建	Fujian	3200	1618	5522
江 西	Jiangxi	2773	1054	2173
山 东	Shandong	4087	1849	5977
河 南	Henan	2136	514	1852
湖 北	Hubei	2936	1364	4408
湖 南	Hunan	2036	879	2660
广 东	Guangdong	29798	11216	36524
广 西	Guangxi	611	161	800
海 南	Hainan	95	84	333
重 庆	Chongqing	1449	509	1819
四 川	Sichuan	2692	1359	4827
贵 州	Guizhou	763	391	1166
云 南	Yunnan	69	31	203
西 藏	Tibet	3	3	75
陕 西	Shaanxi	1593	868	2580
甘 肃	Gansu	78	35	189
青 海	Qinghai	48	14	56
宁 夏	Ningxia	199	93	211
新 疆	Xinjiang	8	5	71

2-5-3 各地区国有及国有控股企业高技术产业专利情况(2022年)
Statistics on Patents in High-tech Industry of State-owned and State-controlled Enterprises by Region (2022)

单位：件 (piece)

地区	Region	专利申请数 Patent Applications	#发明专利 Invention Patents	有效发明专利数 Number of Patents In Force
全国	**Total**	**64733**	**47337**	**185206**
东部地区	Eastern Region	37456	28800	127148
中部地区	Middle Region	12609	9059	33215
西部地区	Western Region	12633	8178	20930
东北地区	Northeaastern Region	2035	1300	3913
北京	Beijing	6119	4852	22879
天津	Tianjin	1248	769	2099
河北	Hebei	450	292	988
山西	Shanxi	284	136	345
内蒙古	Inner Mongolia	103	76	226
辽宁	Liaoning	1517	927	2972
吉林	Jilin	238	159	309
黑龙江	Heilongjiang	280	214	632
上海	Shanghai	2359	1834	12294
江苏	Jiangsu	7116	5314	11466
浙江	Zhejiang	353	250	1172
安徽	Anhui	1979	1185	4075
福建	Fujian	1663	1196	6651
江西	Jiangxi	853	412	2749
山东	Shandong	3436	2079	7780
河南	Henan	1444	695	2012
湖北	Hubei	6507	5607	19184
湖南	Hunan	1542	1024	4850
广东	Guangdong	14696	12206	61752
广西	Guangxi	94	38	240
海南	Hainan	16	8	67
重庆	Chongqing	1177	738	1845
四川	Sichuan	6948	4717	10565
贵州	Guizhou	1474	895	2291
云南	Yunnan	163	94	355
西藏	Tibet	7	7	35
陕西	Shaanxi	2435	1499	5087
甘肃	Gansu	184	94	203
青海	Qinghai	15	3	1
宁夏	Ningxia	20	15	19
新疆	Xinjiang	13	2	63

2-5-4 按地区和登记注册类型分高技术产业专利情况(2022年)
Statistics on Patents in High-tech Industry by Region and Registration Status(2022)

单位：件 (piece)

地区	Region	内资企业 Domestic Funded		
		专利申请数 Patent Applications	#发明专利 Invention Patents	有效发明专利数 Number of Patents In Force
全国	**Total**	**374322**	**192447**	**685832**
东部地区	Eastern Region	276093	144956	537197
中部地区	Middle Region	61723	29499	87744
西部地区	Western Region	31023	15347	50470
东北地区	Northeaastern Region	5483	2645	10421
北京	Beijing	12613	8699	31138
天津	Tianjin	3834	1918	7071
河北	Hebei	3684	1639	6021
山西	Shanxi	958	404	1606
内蒙古	Inner Mongolia	601	269	892
辽宁	Liaoning	3527	1699	6538
吉林	Jilin	1038	552	2031
黑龙江	Heilongjiang	918	394	1852
上海	Shanghai	9052	5070	22158
江苏	Jiangsu	49240	22035	77190
浙江	Zhejiang	31036	11946	34635
安徽	Anhui	17562	9586	19291
福建	Fujian	15543	8625	17724
江西	Jiangxi	9809	3401	10336
山东	Shandong	16173	6811	23404
河南	Henan	8224	2566	8756
湖北	Hubei	16998	9817	35318
湖南	Hunan	8172	3725	12437
广东	Guangdong	134768	78131	317104
广西	Guangxi	1317	342	1875
海南	Hainan	150	82	752
重庆	Chongqing	5167	2241	7964
四川	Sichuan	13945	7529	22119
贵州	Guizhou	2330	1206	3706
云南	Yunnan	854	244	1674
西藏	Tibet	12	12	104
陕西	Shaanxi	5475	2929	10273
甘肃	Gansu	632	305	898
青海	Qinghai	146	50	243
宁夏	Ningxia	445	189	477
新疆	Xinjiang	99	31	245

2-5-4　续表 1　continued

单位：件　(piece)

地　区	Region	#国有企业 State-owned Enterprises 专利申请数 Patent Applications	#发明专利 Invention Patents	有效发明专利数 Number of Patents In Force
全　国	**Total**	**2946**	**1934**	**6720**
东部地区	Eastern Region	890	621	1938
中部地区	Middle Region	1206	909	3061
西部地区	Western Region	721	346	1620
东北地区	Northeaastern Region	129	58	101
北　京	Beijing	246	243	823
天　津	Tianjin	35	26	61
河　北	Hebei	32	14	42
山　西	Shanxi	41	15	99
内蒙古	Inner Mongolia	43	33	83
辽　宁	Liaoning	107	38	50
吉　林	Jilin			
黑龙江	Heilongjiang	22	20	51
上　海	Shanghai	4	1	21
江　苏	Jiangsu	451	271	797
浙　江	Zhejiang			
安　徽	Anhui	52	46	169
福　建	Fujian	37	33	58
江　西	Jiangxi	153	78	227
山　东	Shandong	21	6	36
河　南	Henan	43	20	48
湖　北	Hubei	825	710	2433
湖　南	Hunan	92	40	85
广　东	Guangdong	56	27	96
广　西	Guangxi			
海　南	Hainan	8		4
重　庆	Chongqing	89	41	84
四　川	Sichuan	61	38	146
贵　州	Guizhou	199	94	337
云　南	Yunnan	28	13	43
西　藏	Tibet			
陕　西	Shaanxi	264	115	882
甘　肃	Gansu	34	12	44
青　海	Qinghai			1
宁　夏	Ningxia			
新　疆	Xinjiang	3		

2-5-4 续表 2 continued

单位：件 (piece)

地区	Region	港澳台投资企业 Enterprises with Funds from Hong Kong, Macau and Taiwan		
		专利申请数 Patent Applications	#发明专利 Invention Patents	有效发明专利数 Number of Patents In Force
全国	**Total**	**31231**	**16737**	**58217**
东部地区	Eastern Region	28604	15640	55319
中部地区	Middle Region	1894	859	1802
西部地区	Western Region	615	203	890
东北地区	Northeaastern Region	118	35	206
北京	Beijing	2926	2079	15309
天津	Tianjin	90	21	259
河北	Hebei	9	5	140
山西	Shanxi	30	7	14
内蒙古	Inner Mongolia	7	3	30
辽宁	Liaoning	71	19	164
吉林	Jilin	15	1	38
黑龙江	Heilongjiang	32	15	4
上海	Shanghai	1514	1044	6260
江苏	Jiangsu	5933	3303	9690
浙江	Zhejiang	3966	2117	3821
安徽	Anhui	565	275	328
福建	Fujian	2176	1531	2203
江西	Jiangxi	278	31	183
山东	Shandong	535	250	1285
河南	Henan	237	66	153
湖北	Hubei	506	350	497
湖南	Hunan	278	130	627
广东	Guangdong	11394	5229	16272
广西	Guangxi	113	29	70
海南	Hainan	61	61	80
重庆	Chongqing	69	14	282
四川	Sichuan	233	63	332
贵州	Guizhou	15	2	5
云南	Yunnan	25	5	52
西藏	Tibet			
陕西	Shaanxi	129	83	109
甘肃	Gansu			
青海	Qinghai			
宁夏	Ningxia	24	4	10
新疆	Xinjiang			

2-5-4　续表 3　continued

单位：件　(piece)

地　区	Region	外商投资企业 Foreign Funded Enterprises 专利申请数 Patent Applications	#发明专利 Invention Patents	有效发明专利数 Number of Patents In Force
全　国	**Total**	**28486**	**14317**	**65775**
东部地区	Eastern Region	24919	12523	58215
中部地区	Middle Region	2080	1074	2657
西部地区	Western Region	1098	484	2788
东北地区	Northeaastern Region	389	236	2115
北　京	Beijing	1631	1261	2884
天　津	Tianjin	781	370	1042
河　北	Hebei	205	121	417
山　西	Shanxi	31	23	15
内 蒙 古	Inner Mongolia			18
辽　宁	Liaoning	316	205	1973
吉　林	Jilin	71	29	92
黑 龙 江	Heilongjiang	2	2	50
上　海	Shanghai	2050	1315	7833
江　苏	Jiangsu	5301	2244	10801
浙　江	Zhejiang	3927	2151	12463
安　徽	Anhui	519	214	654
福　建	Fujian	794	471	2051
江　西	Jiangxi	431	220	443
山　东	Shandong	1441	661	2468
河　南	Henan	191	77	306
湖　北	Hubei	791	477	1092
湖　南	Hunan	117	63	147
广　东	Guangdong	8774	3914	18234
广　西	Guangxi	194	160	424
海　南	Hainan	15	15	22
重　庆	Chongqing	241	45	278
四　川	Sichuan	434	184	1443
贵　州	Guizhou	35	18	76
云　南	Yunnan	3	1	58
西　藏	Tibet			
陕　西	Shaanxi	133	58	331
甘　肃	Gansu			
青　海	Qinghai	45	12	111
宁　夏	Ningxia	11	6	21
新　疆	Xinjiang	2		28

2-5-5 按地区和行业分高技术产业专利情况(2022年)
Statistics on Patents in High-tech Industry by Region and Industrial Sector(2022)

单位：件 (piece)

地区	Region	医药制造业 Medical and Pharmaceutical Products Manufacturing		
		专利申请数 Patent Applications	#发明专利 Invention Patents	有效发明专利数 Number of Patents In Force
全国	**Total**	**33128**	**16058**	**74357**
东部地区	Eastern Region	20148	11006	47044
中部地区	Middle Region	7636	2648	12577
西部地区	Western Region	4195	1969	11422
东北地区	Northeaastern Region	1149	435	3314
北京	Beijing	1474	1039	3650
天津	Tianjin	712	294	2393
河北	Hebei	1167	469	2452
山西	Shanxi	231	101	704
内蒙古	Inner Mongolia	119	65	495
辽宁	Liaoning	452	163	1153
吉林	Jilin	424	181	1179
黑龙江	Heilongjiang	273	91	982
上海	Shanghai	1066	591	2649
江苏	Jiangsu	4842	2953	10617
浙江	Zhejiang	2888	1368	6270
安徽	Anhui	1490	607	2688
福建	Fujian	754	335	1839
江西	Jiangxi	1341	405	1571
山东	Shandong	3441	1688	8107
河南	Henan	1714	388	2327
湖北	Hubei	1783	617	2946
湖南	Hunan	1077	530	2341
广东	Guangdong	3599	2111	8217
广西	Guangxi	195	99	662
海南	Hainan	205	158	850
重庆	Chongqing	622	266	1349
四川	Sichuan	1749	979	4709
贵州	Guizhou	393	143	937
云南	Yunnan	428	116	1149
西藏	Tibet	12	12	104
陕西	Shaanxi	339	163	1066
甘肃	Gansu	174	52	468
青海	Qinghai	26	9	143
宁夏	Ningxia	72	42	163
新疆	Xinjiang	66	23	177

2-5-5 续表 1 continued

单位：件 (piece)

地 区	Region	电子及通信设备制造业 Manufacture of Electronic Equipment and Communication Equipment		
		专利申请数 Patent Applications	#发明专利 Invention Patents	有效发明专利数 Number of Patents In Force
全 国	**Total**	**293667**	**164751**	**582865**
东部地区	Eastern Region	231862	132430	494817
中部地区	Middle Region	42796	22751	59166
西部地区	Western Region	17148	8643	25822
东北地区	Northeaastern Region	1861	927	3060
北 京	Beijing	8825	7100	26676
天 津	Tianjin	2640	1432	3396
河 北	Hebei	1560	955	2625
山 西	Shanxi	434	137	416
内 蒙 古	Inner Mongolia	406	139	290
辽 宁	Liaoning	1298	635	2541
吉 林	Jilin	424	264	452
黑 龙 江	Heilongjiang	139	28	67
上 海	Shanghai	6762	4241	25744
江 苏	Jiangsu	37831	18037	63060
浙 江	Zhejiang	25289	10883	33646
安 徽	Anhui	14105	8329	14379
福 建	Fujian	14883	9244	16143
江 西	Jiangxi	7412	2588	6284
山 东	Shandong	8826	4157	12712
河 南	Henan	2550	545	1824
湖 北	Hubei	13354	8798	28983
湖 南	Hunan	4941	2354	7280
广 东	Guangdong	125238	76381	310811
广 西	Guangxi	837	328	984
海 南	Hainan	8		4
重 庆	Chongqing	2104	976	3837
四 川	Sichuan	9416	5105	14451
贵 州	Guizhou	704	295	829
云 南	Yunnan	294	107	404
西 藏	Tibet			
陕 西	Shaanxi	2561	1327	4184
甘 肃	Gansu	344	185	341
青 海	Qinghai	165	53	210
宁 夏	Ningxia	299	127	228
新 疆	Xinjiang	18	1	64

2-5-5 续表 2 continued

单位：件 (piece)

地区	Region	计算机及办公设备制造业 Manufacture of Computer and Office Equipments		
		专利申请数 Patent Applications	#发明专利 Invention Patents	有效发明专利数 Number of Patents In Force
全国	**Total**	**23878**	**9392**	**45764**
东部地区	Eastern Region	19918	7626	40413
中部地区	Middle Region	2793	1445	3529
西部地区	Western Region	1044	281	1471
东北地区	Northeaastern Region	123	40	351
北京	Beijing	2287	1697	12304
天津	Tianjin	406	269	1124
河北	Hebei	123	35	179
山西	Shanxi	93	64	104
内蒙古	Inner Mongolia	2	2	2
辽宁	Liaoning	40	7	261
吉林	Jilin	58	19	78
黑龙江	Heilongjiang	25	14	12
上海	Shanghai	453	317	1170
江苏	Jiangsu	2191	809	3625
浙江	Zhejiang	1315	430	1483
安徽	Anhui	908	396	1255
福建	Fujian	1141	538	2464
江西	Jiangxi	288	81	153
山东	Shandong	1276	657	2395
河南	Henan	878	687	1438
湖北	Hubei	375	129	309
湖南	Hunan	251	88	270
广东	Guangdong	10726	2874	15669
广西	Guangxi	79	5	56
海南	Hainan			
重庆	Chongqing	560	123	688
四川	Sichuan	350	141	605
贵州	Guizhou			9
云南	Yunnan	27	4	31
西藏	Tibet			
陕西	Shaanxi	20	6	54
甘肃	Gansu			
青海	Qinghai			
宁夏	Ningxia			3
新疆	Xinjiang	6		23

2-5-5　续表 3　continued

单位：件　(piece)

地　区	Region	医疗仪器设备及仪器仪表制造业 Manufacture of Medical Equipments and Measuring Instrument		
		专利申请数 Patent Applications	#发明专利 Invention Patents	有效发明专利数 Number of Patents In Force
全　国	**Total**	**70699**	**25952**	**81686**
东部地区	Eastern Region	54639	20462	62223
中部地区	Middle Region	9203	2860	9275
西部地区	Western Region	5499	2085	7330
东北地区	Northeaastern Region	1358	545	2858
北　京	Beijing	3814	1731	4773
天　津	Tianjin	747	194	998
河　北	Hebei	959	254	944
山　西	Shanxi	170	86	217
内蒙古	Inner Mongolia	6	1	8
辽　宁	Liaoning	957	391	2097
吉　林	Jilin	162	63	262
黑龙江	Heilongjiang	239	91	499
上　海	Shanghai	3677	1854	5288
江　苏	Jiangsu	14866	5439	19308
浙　江	Zhejiang	9243	3452	9293
安　徽	Anhui	1745	528	1558
福　建	Fujian	1724	510	1529
江　西	Jiangxi	815	250	533
山　东	Shandong	4470	1177	3758
河　南	Henan	2515	598	2084
湖　北	Hubei	2139	756	2960
湖　南	Hunan	1819	642	1923
广　东	Guangdong	15139	5851	16332
广　西	Guangxi	457	93	665
海　南	Hainan			
重　庆	Chongqing	2088	881	2550
四　川	Sichuan	1645	587	1946
贵　州	Guizhou	147	77	248
云　南	Yunnan	133	23	198
西　藏	Tibet			
陕　西	Shaanxi	882	380	1563
甘　肃	Gansu	21	6	28
青　海	Qinghai			1
宁　夏	Ningxia	109	30	114
新　疆	Xinjiang	11	7	9

2-5-5 续表 4 continued

单位：件 (piece)

地 区	Region	信息化学品制造业 Manufacture of Electronic Chemicals 专利申请数 Patent Applications	#发明专利 Invention Patents	有效发明专利数 Number of Patents In Force
全 国	**Total**	**902**	**344**	**1288**
东部地区	Eastern Region	461	205	938
中部地区	Middle Region	347	125	316
西部地区	Western Region	80	8	15
东北地区	Northeaastern Region	14	6	19
北 京	Beijing			
天 津	Tianjin			
河 北	Hebei	56	40	301
山 西	Shanxi			
内 蒙 古	Inner Mongolia			
辽 宁	Liaoning	14	6	19
吉 林	Jilin			
黑 龙 江	Heilongjiang			
上 海	Shanghai			
江 苏	Jiangsu	241	111	425
浙 江	Zhejiang	32	13	78
安 徽	Anhui	41	9	15
福 建	Fujian	11		3
江 西	Jiangxi	51	16	27
山 东	Shandong	73	28	78
河 南	Henan	92	33	74
湖 北	Hubei	155	63	196
湖 南	Hunan	8	4	4
广 东	Guangdong	48	13	53
广 西	Guangxi	56	6	2
海 南	Hainan			
重 庆	Chongqing			
四 川	Sichuan	7	2	13
贵 州	Guizhou			
云 南	Yunnan			
西 藏	Tibet			
陕 西	Shaanxi	17		
甘 肃	Gansu			
青 海	Qinghai			
宁 夏	Ningxia			
新 疆	Xinjiang			

2-6-1 各地区高技术产业技术获取和技术改造情况(2022年)
Technology Acquisition and Renovation in High-tech Industry by Region (2022)

单位：万元 (10000 yuan)

地 区	Region	引进技术经费支出 Expenditure for Acquisition of Foreign Technology	消化吸收经费支出 Expenditure for Assimilation of Technology	购买境内技术经费支出 Expenditure for Purchase of Domestic Technology	技术改造经费支出 Expenditure for Technical Renovation
全 国	**Total**	**666711**	**151193**	**2263101**	**8287488**
东部地区	Eastern Region	613974	146802	1947311	5519331
中部地区	Middle Region	11118	3275	82076	1426944
西部地区	Western Region	41305	1117	198795	1138192
东北地区	Northeaastern Region	313		34919	203021
北 京	Beijing	1484		127692	8158
天 津	Tianjin	803		5250	18409
河 北	Hebei			101087	53575
山 西	Shanxi			620	10027
内蒙古	Inner Mongolia			857	7787
辽 宁	Liaoning	313		27969	142483
吉 林	Jilin			1921	8928
黑龙江	Heilongjiang			5028	51610
上 海	Shanghai	100652	5120	135732	52913
江 苏	Jiangsu	121148	2118	107332	955959
浙 江	Zhejiang	73554	682	67251	688432
安 徽	Anhui	3395	1098	14780	460293
福 建	Fujian	38440	138255	185713	660607
江 西	Jiangxi	1331		34986	245797
山 东	Shandong	47409		123721	523269
河 南	Henan	58	1	14702	108446.8
湖 北	Hubei	6281	2160	6170	273230.1
湖 南	Hunan	53	16	10818	329149.7
广 东	Guangdong	230484	628	1093152	2550417.3
广 西	Guangxi			154202	245171.7
海 南	Hainan			380	7592.3
重 庆	Chongqing	12960		20684	57625
四 川	Sichuan	5748	1027	18195	396549
贵 州	Guizhou	712		356	137738
云 南	Yunnan			317	55063
西 藏	Tibet				
陕 西	Shaanxi	21885	71	1959	158437
甘 肃	Gansu		19	48	1841
青 海	Qinghai			30	9826
宁 夏	Ningxia			2117	61087
新 疆	Xinjiang			31	7067

2-6-2 按企业规模、登记注册类型和行业分高技术产业技术获取和技术改造情况(2022年)

Technology Acquisition and Renovation in High-tech Industry by Scale of Enterprises, Registration Status and Industrial Sector(2022)

单位：万元 (10000 yuan)

地　区	Region	引进技术经费支出 Expenditure for Acquisition of Foreign Technology	消化吸收经费支出 Expenditure for Assimilation of Technology	购买境内技术经费支出 Expenditure for Purchase of Domestic Technology	技术改造经费支出 Expenditure for Technical Renovation
全　国	**Total**	**666711**	**151193**	**2263101**	**8287488**
按企业规模分组	**By Scale of Enterprises**				
#大型	Large-sized Enterprises	587112	137578	1873407	5478507
中型	Medium-sized Enterprises	45277	12239	298767	1835466
按登记注册类型分组	**By Registration Status**				
内资企业	Domestic Funded	533028	148315	1899045	5727447
港、澳、台商投资企业	Enterprises with Funds from Hong Kong, Macau and Taiwan	34597	1194	205226	1503972
外商投资企业	Foreign Funded	99085	1685	158830	1056069
按行业分组	**By Industrial Sector**				
#医药制造业	Manufacture of Medicines	114282	6201	423738	1334170
电子及通信设备制造业	Manufacture of Electronic Equipment and Communication Equipment	411104	144398	1492689	5496097
计算机及办公设备制造业	Manufacture of Computers and Office Equipments	7458	8	21934	387596
医疗仪器设备及仪器仪表制造业	Manufacture of Medical Equipments and Meters	30329	515	49575	336460
信息化学品制造业	Manufacture of Electronic Chemicals			108	15021

2-7-1 各地区高技术产业企业办研发机构情况(2022年)
R&D Institutions in High-tech Industry by Region(2022)

地 区	Region	有研发机构的企业数(个) Number of Enterprises with R&D Institutions (unit)	机构数(个) R&D Institutions (unit)	机构人员(人) Personnel in R&D Institutions (person)	机构经费支出(万元) Expenditure in R&D Institutions (10000 yuan)	#仪器设备 Equipment
全 国	**Total**	**21542**	**25084**	**1341431**	**57919288**	**37965001**
东部地区	Eastern Region	15787	18330	1009734	45025320	27002219
中部地区	Middle Region	4161	4830	209479	7859381	5957746
西部地区	Western Region	1380	1643	105454	4380861	4347454
东北地区	Northeaastern Region	214	281	16764	653727	657582
北 京	Beijing	218	261	26423	1956713	717247
天 津	Tianjin	124	169	15898	850970	399351
河 北	Hebei	429	567	16718	747844	532258
山 西	Shanxi	160	174	14749	346137	313439
内蒙古	Inner Mongolia	39	49	1929	74814	97788
辽 宁	Liaoning	109	158	8853	315042	374712
吉 林	Jilin	53	59	4513	251476	133838
黑龙江	Heilongjiang	52	64	3398	87208	149032
上 海	Shanghai	215	231	24156	1945542	1666107
江 苏	Jiangsu	2974	3539	167778	7903897	6669952
浙 江	Zhejiang	2924	3120	177080	7300859	3396586
安 徽	Anhui	1000	1228	39990	1658469	1208244
福 建	Fujian	350	428	45642	2459695	1172954
江 西	Jiangxi	1279	1391	51376	1898303	1367532
山 东	Shandong	886	1365	68296	2770126	2838201
河 南	Henan	526	620	28690	889921	1033694
湖 北	Hubei	676	825	42227	2115715	1263473
湖 南	Hunan	520	592	32447	950835	771364
广 东	Guangdong	7640	8621	466003	18961621	9570807
广 西	Guangxi	100	109	5098	146173	209507
海 南	Hainan	27	29	1740	128053	38755
重 庆	Chongqing	387	443	22987	978030	1023896
四 川	Sichuan	461	561	42542	1628130	1493337
贵 州	Guizhou	91	104	8185	417389	434034
云 南	Yunnan	85	94	4237	159430	175572
西 藏	Tibet	2	2	39	2967	1199
陕 西	Shaanxi	130	167	14560	623071	535721
甘 肃	Gansu	34	59	2288	91829	186858
青 海	Qinghai	6	6	477	27648	72485
宁 夏	Ningxia	33	37	2673	219928	103172
新 疆	Xinjiang	12	12	439	11452	13887

2-7-2 按地区和企业规模分高技术产业企业办研发机构情况(2022年)
R&D Institutions in High-tech Industry by Region and Industrial Sector(2022)

地 区	Region	大型企业 Large-sized Enterprises				
		有研发机构的企业单位数(个) Number of Enterprises with R&D Institutions (unit)	机构数(个) R&D Institutions (unit)	机构人员(人) Personnel in R&D Institutions (person)	机构经费支出(万元) Expenditure in R&D Institutions (10000 yuan)	#仪器设备 Equipment
全 国	**Total**	**1284**	**2259**	**640517**	**33601244**	**21894234**
东部地区	Eastern Region	922	1614	484943	26384875	15795586
中部地区	Middle Region	206	378	95549	4216326	3137764
西部地区	Western Region	131	230	52198	2646204	2593060
东北地区	Northeaastern Region	25	37	7827	353839	367825
北 京	Beijing	21	25	10086	1093995	294153
天 津	Tianjin	17	28	8011	487815	155656
河 北	Hebei	16	31	4251	351946	256712
山 西	Shanxi	16	28	9306	195977	212284
内蒙古	Inner Mongolia	3	3	479	18493	9688
辽 宁	Liaoning	12	22	4135	122799	241916
吉 林	Jilin	7	9	2697	207289	93173
黑龙江	Heilongjiang	6	6	995	23752	32735
上 海	Shanghai	30	35	11997	1191325	1275743
江 苏	Jiangsu	175	274	70161	3989815	3575088
浙 江	Zhejiang	131	188	76285	3786522	1417967
安 徽	Anhui	36	71	13127	793532	461207
福 建	Fujian	52	86	31154	2002321	822035
江 西	Jiangxi	74	121	22857	959590	658134
山 东	Shandong	63	191	36868	1653527	1933143
河 南	Henan	23	42	14669	496482	662288
湖 北	Hubei	33	82	20835	1439618	660109
湖 南	Hunan	24	34	14755	331125	483742
广 东	Guangdong	413	751	235456	11781966	6056844
广 西	Guangxi	6	13	2287	61580	30423
海 南	Hainan	4	5	674	45644	8245
重 庆	Chongqing	33	56	9360	524027	682717
四 川	Sichuan	37	65	21598	976189	894437
贵 州	Guizhou	16	23	4533	280451	299578
云 南	Yunnan	9	10	1862	83233	98738
西 藏	Tibet					
陕 西	Shaanxi	16	43	8820	460571	380015
甘 肃	Gansu	4	9	1565	62788	129132
青 海	Qinghai	1	1	177	16107	35993
宁 夏	Ningxia	4	5	1333	158669	29301
新 疆	Xinjiang	2	2	184	4096	3038

2-7-2 续表 continued

地 区	Region	中型企业 Medium-sized Enterprises 有研发机构的企业单位数（个）Number of Enterprises with R&D Institutions (unit)	机构数（个）R&D Institutions (unit)	机构人员（人）Personnel in R&D Institutions (person)	机构经费支出（万元）Expenditure in R&D Institutions (10000 yuan)	#仪器设备 Equipment
全 国	**Total**	**3795**	**4939**	**337878**	**12827179**	**8450254**
东部地区	Eastern Region	2735	3556	252287	9856060	5876378
中部地区	Middle Region	661	883	50893	1762169	1378041
西部地区	Western Region	349	420	29911	1018643	999315
东北地区	Northeaastern Region	50	80	4787	190306	196520
北 京	Beijing	78	99	10551	609965	307373
天 津	Tianjin	33	56	4030	158220	116222
河 北	Hebei	66	121	5011	179075	136691
山 西	Shanxi	33	34	2845	89200	63712
内蒙古	Inner Mongolia	12	19	981	39747	73982
辽 宁	Liaoning	24	46	2401	128594	85327
吉 林	Jilin	11	13	974	22672	20925
黑龙江	Heilongjiang	15	21	1412	39040	90268
上 海	Shanghai	58	59	6775	434923	192643
江 苏	Jiangsu	528	729	45754	2060643	1689786
浙 江	Zhejiang	522	603	47861	1842496	1063597
安 徽	Anhui	126	205	11641	383641	321188
福 建	Fujian	89	123	8298	286146	226259
江 西	Jiangxi	207	236	12398	454382	380545
山 东	Shandong	156	271	14724	578227	468749
河 南	Henan	82	110	5451	173669	167132
湖 北	Hubei	120	164	9956	345890	284403
湖 南	Hunan	93	134	8602	315386	161061
广 东	Guangdong	1198	1488	108596	3646897	1652380
广 西	Guangxi	23	25	1340	34771	17129
海 南	Hainan	7	7	687	59468	22678
重 庆	Chongqing	113	133	8138	268823	234179
四 川	Sichuan	113	135	10942	350760	347005
贵 州	Guizhou	25	30	2670	114956	111539
云 南	Yunnan	8	9	611	16965	8365
西 藏	Tibet					
陕 西	Shaanxi	34	41	3716	110307	96120
甘 肃	Gansu	4	8	295	21338	12336
青 海	Qinghai	2	2	203	10239	36044
宁 夏	Ningxia	13	16	948	48831	61744
新 疆	Xinjiang	2	2	67	1906	873

2-7-3 各地区国有及国有控股企业高技术产业企业办研发机构情况(2022年)

R&D Institutions in High-tech Industry of State-owned and State-controlled Enterprises by Region (2022)

地区	Region	有研发机构的企业数(个) Number of Enterprises with R&D Institutions (unit)	机构数(个) R&D Institutions (unit)	机构人员(人) Personnel in R&D Institutions (person)	机构经费支出(万元) Expenditure in R&D Institutions (10000 yuan)	#仪器设备 Equipment
全国	**Total**	**974**	**1534**	**211334**	**11214090**	**9494369**
东部地区	Eastern Region	544	876	120619	7174760	5187886
中部地区	Middle Region	192	292	40907	2068234	2128393
西部地区	Western Region	209	314	44348	1721832	1897495
东北地区	Northeaastern Region	29	52	5460	249264	280595
北京	Beijing	52	56	9152	751476	276523
天津	Tianjin	30	41	5533	278162	183252
河北	Hebei	30	51	2489	83572	114941
山西	Shanxi	19	31	2925	94898	158349
内蒙古	Inner Mongolia	3	9	571	5836	61914
辽宁	Liaoning	15	31	3187	76468	200088
吉林	Jilin	6	7	1082	149609	30956
黑龙江	Heilongjiang	8	14	1191	23187	49551
上海	Shanghai	38	51	7533	827677	1123878
江苏	Jiangsu	120	185	11035	572121	585817
浙江	Zhejiang	27	39	2492	126988	143890
安徽	Anhui	51	69	6733	329411	305307
福建	Fujian	21	44	8805	407432	224200
江西	Jiangxi	28	45	4723	271991	392773
山东	Shandong	81	171	15252	736529	1407277
河南	Henan	19	32	5861	254039	586751
湖北	Hubei	40	73	14185	926601	500106
湖南	Hunan	35	42	6480	191295	185106
广东	Guangdong	144	237	58163	3384432	1121669
广西	Guangxi	5	5	143	2291	4380
海南	Hainan	1	1	165	6371	6440
重庆	Chongqing	41	67	5156	227563	188378
四川	Sichuan	64	89	19696	797680	676160
贵州	Guizhou	30	36	5749	247546	389060
云南	Yunnan	13	16	1946	41850	33770
西藏	Tibet					
陕西	Shaanxi	38	70	9860	323887	437084
甘肃	Gansu	8	15	1048	69750	99665
青海	Qinghai	1	1	28	410	29
宁夏	Ningxia	4	4	127	4843	5966
新疆	Xinjiang	2	2	24	176	1089

2-7-4 按地区和登记注册类型分高技术产业企业办研发机构情况(2022年)
R&D Institutions in High-tech Industry by Region and Registration Status(2022)

地　区	Region	内资企业 Domestic Funded				
		有研发机构的企业数(个) Number of Enterprises with R&D Institutions (unit)	机构数(个) R&D Institutions (unit)	机构人员(人) Personnel in R&D Institutions (person)	机构经费支出(万元) Expenditure in R&D Institutions (10000 yuan)	#仪器设备 Equipment
全　国	**Total**	**18814**	**21882**	**1031833**	**44363922**	**28006380**
东部地区	Eastern Region	13391	15535	732665	32612418	17872638
中部地区	Middle Region	3945	4562	186520	7054025	5450439
西部地区	Western Region	1288	1532	97631	4096426	4087677
东北地区	Northeaastern Region	190	253	15017	601053	595626
北　京	Beijing	175	216	20403	1331166	539194
天　津	Tianjin	102	140	13750	727998	331188
河　北	Hebei	402	534	14235	528895	479665
山　西	Shanxi	154	168	13699	322734	288992
内蒙古	Inner Mongolia	36	46	1785	73590	92803
辽　宁	Liaoning	94	139	7347	270598	322307
吉　林	Jilin	47	53	4395	245933	126856
黑龙江	Heilongjiang	49	61	3275	84521	146464
上　海	Shanghai	150	164	14879	1365777	1304262
江　苏	Jiangsu	2405	2903	113138	5303041	3711071
浙　江	Zhejiang	2556	2725	129053	4691468	2513585
安　徽	Anhui	942	1162	35941	1409912	1131302
福　建	Fujian	282	348	35219	1951601	803295
江　西	Jiangxi	1205	1307	47111	1749940	1250474
山　东	Shandong	800	1215	58320	2278575	2457493
河　南	Henan	506	590	26983	809102	935596
湖　北	Hubei	639	766	37972	1921250	1125277
湖　南	Hunan	499	569	24814	841087	718797
广　东	Guangdong	6497	7267	332170	14346065	5703677
广　西	Guangxi	88	97	3336	100271	85127
海　南	Hainan	22	23	1498	87833	29208
重　庆	Chongqing	360	414	20031	875137	972012
四　川	Sichuan	436	525	40951	1552672	1451674
贵　州	Guizhou	85	96	8021	410317	430208
云　南	Yunnan	79	87	3904	147329	166920
西　藏	Tibet	2	2	39	2967	1199
陕　西	Shaanxi	122	158	13981	595239	518416
甘　肃	Gansu	34	59	2288	91829	186858
青　海	Qinghai	6	6	477	27648	72485
宁　夏	Ningxia	29	31	2435	210309	96148
新　疆	Xinjiang	11	11	383	9120	13827

2-7-4 续表 1 continued

地 区	Region	#国有企业 State-owned Enterprises 有研发机构的企业数(个) Number of Enterprises with R&D Institutions (unit)	机构数(个) R&D Institutions (unit)	机构人员(人) Personnel in R&D Institutions (person)	机构经费支出(万元) Expenditure in R&D Institutions (10000 yuan)	#仪器设备 Equipment
全 国	**Total**	**79**	**126**	**9860**	**366236**	**841145**
东部地区	Eastern Region	33	50	2964	151504	297847
中部地区	Middle Region	14	26	3020	89196	288240
西部地区	Western Region	29	46	3473	111174	215516
东北地区	Northeaastern Region	3	4	403	14362	39542
北 京	Beijing	1	1	228	15575	27159
天 津	Tianjin	2	5	260	5386	28525
河 北	Hebei	3	3	563	13223	59210
山 西	Shanxi	1	2	390	12846	33551
内 蒙 古	Inner Mongolia	2	8	362	5052	60581
辽 宁	Liaoning	2	2	354	13506	31626
吉 林	Jilin					
黑 龙 江	Heilongjiang	1	2	49	856	7916
上 海	Shanghai	1	2	69	1545	3391
江 苏	Jiangsu	12	20	1092	44212	125598
浙 江	Zhejiang					
安 徽	Anhui	2	8	221	7729	8839
福 建	Fujian	1	1	288	50265	16008
江 西	Jiangxi	3	3	1420	31285	220767
山 东	Shandong	7	11	137	6187	26548
河 南	Henan	2	2	271	8049	13855
湖 北	Hubei	2	3	494	19897	3355
湖 南	Hunan	4	8	224	9391	7873
广 东	Guangdong	5	6	162	8741	4969
广 西	Guangxi					
海 南	Hainan	1	1	165	6371	6440
重 庆	Chongqing	7	9	260	6517	3257
四 川	Sichuan	5	5	564	17286	31835
贵 州	Guizhou	6	8	764	30056	29146
云 南	Yunnan					
西 藏	Tibet					
陕 西	Shaanxi	6	10	1292	46995	79055
甘 肃	Gansu	1	4	187	4721	10529
青 海	Qinghai	1	1	28	410	29
宁 夏	Ningxia					
新 疆	Xinjiang	1	1	16	137	1084

2-7-4　续表 2　continued

地　区	Region	港澳台投资企业 Enterprises with Funds from Hong Kong, Macau and Taiwan Province				
		有研发机构的企业数(个) Number of Enterprises with R&D Institutions (unit)	机构数(个) R&D Institutions (unit)	机构人员(人) Personnel in R&D Institutions (person)	机构经费支出(万元) Expenditure in R&D Institutions (10000 yuan)	#仪器设备 Equipment
全　国	**Total**	**1364**	**1624**	**175033**	**7339979**	**4875995**
东部地区	Eastern Region	1208	1437	158405	6781905	4410491
中部地区	Middle Region	112	134	14367	466140	291241
西部地区	Western Region	37	46	1987	76929	166452
东北地区	Northeaastern Region	7	7	274	15005	7811
北　京	Beijing	16	16	2743	379444	51839
天　津	Tianjin	10	12	701	20518	8393
河　北	Hebei	10	10	430	40267	7515
山　西	Shanxi	3	3	603	15236	16286
内蒙古	Inner Mongolia	2	2	139	1174	4872
辽　宁	Liaoning	2	2	142	10475	5626
吉　林	Jilin	4	4	77	3917	1933
黑龙江	Heilongjiang	1	1	55	614	252
上　海	Shanghai	19	20	3516	250634	97721
江　苏	Jiangsu	244	282	27555	1456655	1253895
浙　江	Zhejiang	132	139	25424	1319803	383166
安　徽	Anhui	29	36	2702	200893	41809
福　建	Fujian	37	48	7811	414102	284367
江　西	Jiangxi	40	44	1993	53681	40344
山　东	Shandong	35	64	4419	163624	117366
河　南	Henan	11	19	661	39803	77928
湖　北	Hubei	16	19	1419	69007	80663
湖　南	Hunan	13	13	6989	87520	34212
广　东	Guangdong	702	842	85649	2708163	2201499
广　西	Guangxi	6	6	198	12248	115151
海　南	Hainan	3	4	157	28697	4730
重　庆	Chongqing	12	14	806	22962	14777
四　川	Sichuan	8	14	530	28390	21524
贵　州	Guizhou	3	3	48	427	861
云　南	Yunnan	4	5	210	9168	8049
西　藏	Tibet					
陕　西	Shaanxi					
甘　肃	Gansu					
青　海	Qinghai					
宁　夏	Ningxia	2	2	56	2560	1218
新　疆	Xinjiang					

2-7-4 续表 3 continued

地 区	Region	外商投资企业 Foreign Funded Enterprises				
		有研发机构的企业数 (个) Number of Enterprises with R&D Institutions (unit)	机构数 (个) R&D Institutions (unit)	机构人员 (人) Personnel in R&D Institutions (person)	机构经费支出 (万元) Expenditure in R&D Institutions (10000 yuan)	#仪器设备 Equipment
全 国	**Total**	**1364**	**1578**	**134565**	**6215387**	**5082626**
东部地区	Eastern Region	1188	1358	118664	5630997	4719090
中部地区	Middle Region	104	134	8592	339216	216065
西部地区	Western Region	55	65	5836	207506	93326
东北地区	Northeaastern Region	17	21	1473	37668	54145
北 京	Beijing	27	29	3277	246104	126215
天 津	Tianjin	12	17	1447	102454	59769
河 北	Hebei	17	23	2053	178682	45078
山 西	Shanxi	3	3	447	8167	8160
内蒙古	Inner Mongolia	1	1	5	50	113
辽 宁	Liaoning	13	17	1364	33969	46779
吉 林	Jilin	2	2	41	1626	5048
黑龙江	Heilongjiang	2	2	68	2073	2317
上 海	Shanghai	46	47	5761	329131	264125
江 苏	Jiangsu	325	354	27085	1144201	1704986
浙 江	Zhejiang	236	256	22603	1289589	499835
安 徽	Anhui	29	30	1347	47665	35133
福 建	Fujian	31	32	2612	93992	85293
江 西	Jiangxi	34	40	2272	94682	76714
山 东	Shandong	51	86	5557	327927	263342
河 南	Henan	9	11	1046	41016	20170
湖 北	Hubei	21	40	2836	125458	57533
湖 南	Hunan	8	10	644	22229	18356
广 东	Guangdong	441	512	48184	1907394	1665630
广 西	Guangxi	6	6	1564	33655	9230
海 南	Hainan	2	2	85	11523	4817
重 庆	Chongqing	15	15	2150	79931	37107
四 川	Sichuan	17	22	1061	47068	20139
贵 州	Guizhou	3	5	116	6645	2965
云 南	Yunnan	2	2	123	2933	603
西 藏	Tibet					
陕 西	Shaanxi	8	9	579	27832	17305
甘 肃	Gansu					
青 海	Qinghai					
宁 夏	Ningxia	2	4	182	7058	5806
新 疆	Xinjiang	1	1	56	2333	60

2-7-5 按地区和行业分高技术产业企业办研发机构情况(2022年)
R&D Institutions in High-tech Industry by Region and Industrial Sector (2022)

地 区	Region	医药制造业 Medical and Pharmaceutical Products Manufacturing				
		有研发机构的企业数(个) Number of Enterprises with R&D Institutions (unit)	机构数(个) R&D Institutions (unit)	机构人员(人) Personnel in R&D Institutions (person)	机构经费支出(万元) Expenditure in R&D Institutions (10000 yuan)	#仪器设备 Equipment
全 国	**Total**	**3704**	**4581**	**196809**	**10523796**	**7135882**
东部地区	Eastern Region	1936	2495	126419	7674121	4939460
中部地区	Middle Region	1194	1407	41907	1558361	1199399
西部地区	Western Region	465	553	21425	890053	790942
东北地区	Northeaastern Region	109	126	7058	401261	206081
北 京	Beijing	77	84	9527	909369	307815
天 津	Tianjin	39	57	3345	133985	85287
河 北	Hebei	168	226	6750	428481	198017
山 西	Shanxi	80	81	3793	118920	111379
内蒙古	Inner Mongolia	19	21	656	18902	12648
辽 宁	Liaoning	34	39	1971	115733	61497
吉 林	Jilin	42	47	3470	233804	91783
黑龙江	Heilongjiang	33	40	1617	51724	52801
上 海	Shanghai	49	51	4361	330140	148163
江 苏	Jiangsu	413	511	25980	2165749	1589121
浙 江	Zhejiang	408	471	24998	1176753	755739
安 徽	Anhui	230	296	7199	276186	231221
福 建	Fujian	62	79	3476	128538	116632
江 西	Jiangxi	282	307	7363	257675	145914
山 东	Shandong	312	492	24374	1047325	999459
河 南	Henan	211	247	7622	249931	233068
湖 北	Hubei	257	317	10809	472798	360753
湖 南	Hunan	134	159	5121	182852	117066
广 东	Guangdong	383	497	22280	1236816	707094
广 西	Guangxi	36	43	1283	31699	16671
海 南	Hainan	25	27	1328	116964	32134
重 庆	Chongqing	103	115	5415	240403	150962
四 川	Sichuan	135	171	8358	379869	428401
贵 州	Guizhou	31	38	1253	53348	22919
云 南	Yunnan	50	56	1534	52979	45737
西 藏	Tibet	2	2	39	2967	1199
陕 西	Shaanxi	37	40	1083	30192	34874
甘 肃	Gansu	25	39	738	44862	46441
青 海	Qinghai	3	3	151	3562	1197
宁 夏	Ningxia	14	15	548	22287	17151
新 疆	Xinjiang	10	10	367	8983	12744

2-7-5 续表 1 continued

地区	Region	电子及通信设备制造业 Manufacture of Electronic Equipment and Communication Equipment				
		有研发机构的企业数(个) Number of Enterprises with R&D Institutions (unit)	机构数(个) R&D Institutions (unit)	机构人员(人) Personnel in R&D Institutions (person)	机构经费支出(万元) Expenditure in R&D Institutions (10000 yuan)	#仪器设备 Equipment
全国	**Total**	**12194**	**13909**	**844516**	**37107687**	**23966317**
东部地区	Eastern Region	9455	10753	666178	29791800	18398394
中部地区	Middle Region	2167	2462	127570	4884827	3232854
西部地区	Western Region	531	623	47584	2328587	2212385
东北地区	Northeaastern Region	41	71	3184	102472	122684
北京	Beijing	57	76	9872	769395	233947
天津	Tianjin	45	59	6100	416939	201163
河北	Hebei	129	175	5898	219758	218412
山西	Shanxi	44	45	7978	144144	80515
内蒙古	Inner Mongolia	16	18	772	53679	22773
辽宁	Liaoning	32	61	2121	86378	79498
吉林	Jilin	7	8	956	15191	41125
黑龙江	Heilongjiang	2	2	107	904	2062
上海	Shanghai	105	110	14268	1293890	1172955
江苏	Jiangsu	1586	1890	97973	4246351	4096846
浙江	Zhejiang	1609	1690	108588	4766359	2011069
安徽	Anhui	586	704	25668	1073742	845675
福建	Fujian	205	259	32314	1956858	921411
江西	Jiangxi	829	889	36107	1338454	874851
山东	Shandong	299	454	25774	1029606	1557433
河南	Henan	146	172	11139	306074	194991
湖北	Hubei	295	360	26192	1478471	762524
湖南	Hunan	267	292	20486	543942	474298
广东	Guangdong	5419	6039	365226	15086273	7978720
广西	Guangxi	46	48	3131	93507	166317
海南	Hainan	1	1	165	6371	6440
重庆	Chongqing	134	158	8684	403161	647856
四川	Sichuan	207	250	24025	973153	744339
贵州	Guizhou	32	35	2140	167227	116888
云南	Yunnan	21	23	1223	80094	120477
西藏	Tibet					
陕西	Shaanxi	49	57	4351	311453	127579
甘肃	Gansu	5	10	1029	31446	115369
青海	Qinghai	3	3	326	24086	71288
宁夏	Ningxia	16	19	1831	188313	78356
新疆	Xinjiang	2	2	72	2469	1143

2-7-5　续表 2　continued

地　区	Region	计算机及办公设备制造业 Manufacture of Computer and Office Equipments 有研发机构的企业数(个) Number of Enterprises with R&D Institutions (unit)	机构数(个) R&D Institutions (unit)	机构人员(人) Personnel in R&D Institutions (person)	机构经费支出(万元) Expenditure in R&D Institutions (10000 yuan)	#仪器设备 Equipment
全　国	**Total**	**1410**	**1632**	**88302**	**3227243**	**1167717**
东部地区	Eastern Region	1177	1366	72943	2671162	869191
中部地区	Middle Region	120	149	8562	324909	114244
西部地区	Western Region	109	113	6569	225394	181551
东北地区	Northeaastern Region	4	4	228	5778	2732
北　京	Beijing	9	10	621	22212	14542
天　津	Tianjin	8	10	4328	220629	27612
河　北	Hebei	10	14	247	4791	2922
山　西	Shanxi	8	13	1070	32160	28554
内蒙古	Inner Mongolia					
辽　宁	Liaoning	2	2	96	3364	391
吉　林	Jilin					
黑龙江	Heilongjiang	2	2	132	2415	2341
上　海	Shanghai	8	8	743	48791	26166
江　苏	Jiangsu	134	154	11222	314712	176777
浙　江	Zhejiang	123	130	7932	301777	78494
安　徽	Anhui	39	50	3081	169984	28340
福　建	Fujian	29	35	6679	300079	96002
江　西	Jiangxi	34	43	2810	82247	42295
山　东	Shandong	37	74	7710	388881	102217
河　南	Henan	10	10	185	7807	2522
湖　北	Hubei	9	9	167	3518	7246
湖　南	Hunan	20	24	1249	29193	5286
广　东	Guangdong	819	931	33461	1069291	344458
广　西	Guangxi	7	7	294	9013	17414
海　南	Hainan					
重　庆	Chongqing	80	82	4222	174431	147363
四　川	Sichuan	15	17	585	14812	10008
贵　州	Guizhou	1	1	30	634	20
云　南	Yunnan	4	4	1253	20367	4926
西　藏	Tibet					
陕　西	Shaanxi	2	2	185	6138	1821
甘　肃	Gansu					
青　海	Qinghai					
宁　夏	Ningxia					
新　疆	Xinjiang					

2-7-5 续表 3 continued

地 区	Region	医疗仪器设备及仪器仪表制造业 Manufacture of Medical Equipments and Measuring Instrument 有研发机构的企业数（个）Number of Enterprises with R&D Institutions (unit)	机构数（个）R&D Institutions (unit)	机构人员（人）Personnel in R&D Institutions (person)	机构经费支出（万元）Expenditure in R&D Institutions (10000 yuan)	#仪器设备 Equipment
全 国	**Total**	**3917**	**4538**	**168977**	**5544092**	**2825514**
东部地区	Eastern Region	3101	3564	135293	4590514	2186362
中部地区	Middle Region	586	689	20011	539651	330643
西部地区	Western Region	185	226	10904	336786	240069
东北地区	Northeaastern Region	45	59	2769	77141	68440
北 京	Beijing	68	80	5171	213835	112089
天 津	Tianjin	27	33	1171	48250	25459
河 北	Hebei	115	143	3027	71778	42279
山 西	Shanxi	25	25	955	18196	12847
内 蒙 古	Inner Mongolia	2	2	43	617	488
辽 宁	Liaoning	33	43	2029	61533	61273
吉 林	Jilin	4	4	87	2482	930
黑 龙 江	Heilongjiang	8	12	653	13127	6237
上 海	Shanghai	47	54	3195	186627	106448
江 苏	Jiangsu	806	942	31408	1142268	684408
浙 江	Zhejiang	759	803	34690	1028582	514882
安 徽	Anhui	126	155	3400	102685	54422
福 建	Fujian	54	55	3173	74219	38909
江 西	Jiangxi	106	118	2245	53678	48811
山 东	Shandong	227	324	9745	282621	166158
河 南	Henan	147	177	5610	135667	88965
湖 北	Hubei	91	106	3234	88792	65215
湖 南	Hunan	91	108	4567	140634	60383
广 东	Guangdong	998	1130	43713	1542334	495731
广 西	Guangxi	9	9	349	8355	7433
海 南	Hainan					
重 庆	Chongqing	65	83	4351	149342	71866
四 川	Sichuan	69	85	4025	101449	62511
贵 州	Guizhou	5	5	153	3860	2277
云 南	Yunnan	10	11	227	5990	4433
西 藏	Tibet					
陕 西	Shaanxi	20	23	1420	55907	80428
甘 肃	Gansu	2	5	42	1938	2967
青 海	Qinghai					
宁 夏	Ningxia	3	3	294	9328	7665
新 疆	Xinjiang					

2-7-5 续表 4 continued

地 区	Region	信息化学品制造业 Manufacture of Electronic Chemicals				
		有研发机构的企业数 (个) Number of Enterprises with R&D Institutions (unit)	机构数 (个) R&D Institutions (unit)	机构人员 (人) Personnel in R&D Institutions (person)	机构经费支出 (万元) Expenditure in R&D Institutions (10000 yuan)	#仪器设备 Equipment
全 国	**Total**	**69**	**85**	**2747**	**88213**	**76521**
东部地区	Eastern Region	31	41	1226	49564	52720
中部地区	Middle Region	32	37	1261	28818	13569
西部地区	Western Region	4	4	200	8123	9048
东北地区	Northeaastern Region	2	3	60	1709	1184
北 京	Beijing					
天 津	Tianjin					
河 北	Hebei	3	5	260	7759	11874
山 西	Shanxi					
内 蒙 古	Inner Mongolia					
辽 宁	Liaoning	2	3	60	1709	1184
吉 林	Jilin					
黑 龙 江	Heilongjiang					
上 海	Shanghai					
江 苏	Jiangsu	6	7	247	12971	8996
浙 江	Zhejiang	12	12	333	12761	21505
安 徽	Anhui	3	6	46	1606	635
福 建	Fujian					
江 西	Jiangxi	10	10	136	4259	1843
山 东	Shandong	7	13	281	12649	6317
河 南	Henan	6	6	729	11293	4969
湖 北	Hubei	13	15	350	11659	6123
湖 南	Hunan					
广 东	Guangdong	3	4	105	3424	4029
广 西	Guangxi	2	2	41	3599	1672
海 南	Hainan					
重 庆	Chongqing	1	1	34	2012	1899
四 川	Sichuan					
贵 州	Guizhou					
云 南	Yunnan					
西 藏	Tibet					
陕 西	Shaanxi	1	1	125	2512	5477
甘 肃	Gansu					
青 海	Qinghai					
宁 夏	Ningxia					
新 疆	Xinjiang					

国际比较情况
International Comparison

3-1 高技术产业出口总额(2008-2021年)

单位：百万美元

国 家	Country	2008	2009	2010	2011	2012
中 国	China	390994	359274	474522	540195	593894
美 国	USA	246884	154108	168939	169464	172387
日 本	Japan	130664	104429	130195	133518	129759
英 国	UK	68245	49442	67433	76724	74213
法 国	France	100130	88873	106441	112914	114947
德 国	Germany	183536	159208	180523	203237	204071
澳大利亚	Australia	4488	3867	4590	5652	5488
加拿大	Canada	30539	26150	27248	28135	33776
意大利	Italy	32851	28149	29719	34153	29851
瑞 典	Sweden	23863	18680	23224	25946	22234
瑞 士	Switzerland	43545	40523	43641	51175	51314
土耳其	Türkiye	1930	1583	1949	2207	2337
奥地利	Austria	17679	14167	15805	17850	18477
捷 克	Czech	20131	17058	20396	26850	25444
丹 麦	Denmark	12420	11258	9012	10409	9743
芬 兰	Finland	16915	8743	7053	6423	5474
希 腊	Greece	1598	1369	1296	1402	1138
冰 岛	Iceland	417	246	142	158	111
爱尔兰	Ireland	31032	26463	23349	27793	26223
墨西哥	Mexico	43708	38973	49291	52314	57667
荷 兰	Netherlands	78402	67926	77649	86017	81614
新西兰	New Zealand	638	521	614	925	762
挪 威	Norway	5511	4891	4968	5394	5167
葡萄牙	Portugal	3576	1618	1499	1834	1919
西班牙	Spain	11256	10391	11508	13572	13771
韩 国	Korea Rep.	110796	103496	132079	133474	130690
新加坡	Singapore	123853	99763	131971	132292	136622
匈牙利	Hungary	21676	18119	20250	22848	17581
波 兰	Poland	7162	7698	9589	9702	10847
俄罗斯联邦	Russian Federation	5535	4797	5370	5811	7798
巴 西	Brazil	10796	8464	8823	9155	9474
印 度	India		11347	10779	14546	13927

数据来源：世界银行《世界发展指标2022》。中国数据未包含港澳台数据。
Source: World Bank, World Development Indicators 2022. Data of Hong Kong, Macao and Taiwan Province are not included.

High-technology Exports (2008-2021)

(1 million USD)

2013	2014	2015	2016	2017	2018	2019	2020	2021
655996	653870	652237	594552	654188	731319	715303	757459	942315
172145	179264	178350	176346	156640	153808	153923	141539	169217
111571	107607	98537	99291	106424	110742	103897	102751	116514
75594	76895	75619	75002	75276	75580	76894	58144	66700
119315	121376	110206	109317	109359	117575	120534	87120	97528
210130	216297	199797	206134	195752	209723	208148	182352	209744
5367	5488	5124	5407	4837	5232	6347	5598	6309
32769	29531	28847	26797	27600	30480	31537	25572	29086
32432	33223	30512	31318	32232	32487	32548	32893	38884
21894	21453	18980	19145	17434	17173	17417	17725	18965
54388	57115	54267	55553	29844	30114	29872	29244	38194
3793	4311	3881	3439	4103	3736	4280	4173	5715
20795	21649	18087	17340	17028	16674	15960	15986	21281
24689	26921	24815	24843	29544	36023	37657	39603	41297
10205	10641	10097	10057	8937	9553	9580	10456	12356
4694	5103	4251	3967	4405	4515	4563	4420	5490
950	1337	1331	1415	1384	1755	1778	2006	2239
95	120	112	137	168	143	305	145	239
25029	25865	30632	37990	34827	36484	39355	42491	
58572	61552	60286	62456	69687	74816	75163	71003	74932
81184	84729	69866	71152	78189	85532	86981	87143	101168
775	699	657	640	564	605	573	590	1122
5383	5714	5051	4324	4273	4319	4611	4069	4746
2136	2316	2096	2457	2816	2978	3595	3371	3561
14486	14673	13112	15606	14937	15484	15037	15725	23456
143485	149060	147119	135914	166675	192786	153547	163987	
143759	145602	139342	135616	147179	154867	150031	159928	
17144	15687	14668	15922	16904	18039	18427	18156	19669
13842	17076	16878	17383	19262	21761	19829	19967	23834
9310	10482	11543	11290	10484	10075	10757	6525	10553
9071	8807	9447	10416	10750	11063	9392	5945	6350
17965	18345	14616	14301	15161	20182	23471	21583	27447

3-2 部分国家高技术产业出口占制造业出口的比重(2008-2021年)

The Ratio of Exports of High Technology Industry to Exports of Manufacturing in Selected Countries (2008-2021)

单位：%　　　　(%)

国 家	Countries	2008	2009	2010	2011	2012	2013	2014	2015	2016	2017	2018	2019	2020	2021
中 国	China	29.4	31.9	32.1	30.5	30.9	31.6	29.7	30.4	30.2	30.9	31.6	30.8	31.3	30.4
美 国	USA	28.9	24.9	23.0	21.0	20.6	20.5	20.9	21.8	22.7	19.3	18.5	18.7	19.5	19.9
日 本	Japan	18.8	20.5	19.1	18.4	18.3	17.8	17.8	18.1	17.6	17.6	17.3	17.0	18.6	18.0
英 国	UK	20.8	20.8	23.5	23.6	23.8	23.9	22.4	22.6	23.9	22.6	22.3	23.1	23.0	23.9
法 国	France	21.7	24.4	26.6	25.3	26.9	27.3	27.6	28.3	28.1	26.0	25.9	26.9	23.1	21.9
德 国	Germany	15.1	16.8	17.0	16.4	17.3	17.4	17.3	17.9	18.2	15.8	15.7	16.4	15.5	15.0
澳大利亚	Australia	15.4	16.8	16.6	18.1	17.3	18.1	19.1	19.8	20.7	17.7	18.2	21.3	21.5	22.4
加拿大	Canada	15.4	18.2	15.9	15.1	15.9	15.8	15.0	15.1	14.4	14.3	15.4	16.3	15.3	15.2
意大利	Italy	7.3	8.4	8.1	8.1	7.7	7.9	7.8	8.3	8.4	7.8	7.5	7.8	9.0	8.2
瑞 典	Sweden	17.4	18.9	19.7	18.8	18.0	18.0	18.0	18.1	18.3	15.1	14.2	14.5	15.1	13.9
瑞 士	Switzerland	24.9	26.7	25.8	25.3	26.3	27.0	26.9	27.3	27.3	14.0	13.3	12.9	12.8	14.2
土耳其	Türkiye	1.9	2.0	2.2	2.1	2.2	3.3	3.6	3.6	3.2	3.2	2.7	3.0	3.2	3.3
奥地利	Austria	12.7	13.4	13.7	13.3	14.5	15.4	15.5	15.0	14.5	12.9	11.6	11.5	12.3	13.8
捷 克	Czech	15.8	17.4	17.9	18.7	18.6	17.3	17.4	17.8	17.0	17.8	19.6	20.7	22.6	20.3
丹 麦	Denmark	16.9	18.9	15.5	15.3	15.8	15.8	15.7	17.2	14.9	12.5	12.4	12.1	13.2	13.7
芬 兰	Finland	21.5	18.0	13.1	11.1	10.5	9.0	10.1	10.2	10.1	9.7	9.0	9.2	10.0	10.3
希 腊	Greece	11.1	12.3	11.6	11.3	10.1	8.5	11.5	12.9	13.7	12.1	12.9	12.5	13.2	6.1
冰 岛	Iceland	40.9	31.5	21.2	21.1	15.4	15.7	17.1	20.1	23.4	26.4	23.5	38.1	28.0	33.5
爱尔兰	Ireland	28.9	26.5	22.9	24.9	25.6	25.0	24.9	28.4	32.8	29.2	24.8	26.0	25.7	
墨西哥	Mexico	20.6	22.7	22.2	21.2	21.4	20.5	20.2	19.6	20.6	21.2	20.9	20.4	21.5	19.8
荷 兰	Netherlands	26.0	28.0	27.9	25.2	25.5	24.7	24.6	24.1	24.0	22.9	22.5	23.0	23.1	21.9
新西兰	New Zealand	9.3	9.9	9.7	10.0	10.1	10.7	9.9	10.1	10.9	9.3	9.8	9.9	10.1	16.3
挪 威	Norway	18.7	19.8	20.5	21.6	21.2	21.1	22.4	22.3	21.0	21.6	21.1	22.5	22.2	20.6
葡萄牙	Portugal	8.2	4.8	4.1	4.1	4.5	4.7	4.9	5.1	5.8	6.0	5.3	6.9	7.1	6.3
西班牙	Spain	5.6	6.4			7.2		6.9	6.9	7.8	7.0	6.8	6.8	7.8	9.4
韩 国	Korea Rep.	30.3	32.1	32.1	28.2	28.2	29.8	30.1	31.2	30.5	32.5	36.4	32.4	35.7	
新加坡	Singapore	52.8	50.9	52.4	47.8	48.5	50.5	50.9	52.4	52.5	53.1	51.6	51.8	55.5	
匈牙利	Hungary	25.0	26.7	25.9	25.2	21.2	19.4	16.7	17.1	17.6	17.2	16.8	17.4	17.4	16.3
波 兰	Poland	5.2	7.1	7.7	6.6	7.9	8.9	10.3	11.0	11.0	10.7	10.4	9.9	9.9	9.4
俄罗斯联邦	Russian Federation	7.0	9.7	9.6	8.5	9.2	10.7	12.2	16.1	15.9	12.3	11.3	12.9	9.2	9.7
巴 西	Brazil	12.5	14.5	12.4	10.9	11.5	10.7	11.7	13.6	14.8	14.3	14.7	14.1	11.4	9.0
印 度	India		9.7	7.8	7.9	7.7	8.9	9.2	8.0	7.7	7.4	9.0	10.2	11.0	10.2

数据来源：世界银行《世界发展指标2022》。中国数据未包含港澳台数据。

Source: World Bank, World Development Indicators 2022. Data of Hong Kong, Macao and Taiwan Province are not included.

附　　录
Appendix

附录 1

高技术产业（制造业）分类（2017）

High-technology Industry（Manufacturing Industry）Classifications (2017)

一、分类目的

为准确反映高技术产业发展状况，界定高技术产业（制造业）统计范围，健全高技术产业统计体系，依据《中华人民共和国统计法》，参照国际相关分类标准并以《国民经济行业分类》（GB/T 4754-2017）为基础，制定本分类。

二、高技术产业界定和范围

本分类规定的高技术产业（制造业）是指国民经济行业中 R&D 投入强度[①]相对高的制造业行业，包括：医药制造，航空、航天器及设备制造，电子及通信设备制造，计算机及办公设备制造，医疗仪器设备及仪器仪表制造，信息化学品制造等 6 大类。

三、编制原则

（一）以国际分类标准为借鉴。

本分类借鉴 OECD（经济合作与发展组织）关于高技术产业的分类方法；分类表中第一类至第五类内容可与有关国际分类基本衔接，能够满足国际比较的需要。

（二）以《国民经济行业分类》为基础。

本分类是以《国民经济行业分类》（GB/T 4754-2017）为基础，对国民经济行业分类中符合高技术产业（制造业）特征有关活动的再分类。

（三）以提升可操作性为基本要求。

本分类中各小类尽可能与《国民经济行业分类》（GB/T 4754-2017）行业小类对应，便于统计资料的获取、整理和再加工。

四、结构和编码

本分类采用线分类法和分层次编码方法，将高技术产业（制造业）划分为三层，分别用阿拉伯数字编码表示。第一层为大类，用 2 位数字表示，共有 6 个大类；第二层为中类，用 3 位数字表示，前两位为大类代码，共有 34 个中类；第三层为小类，用 4 位数字表示，前三位为中类代码，共有 85 个小类。

本分类代码结构：

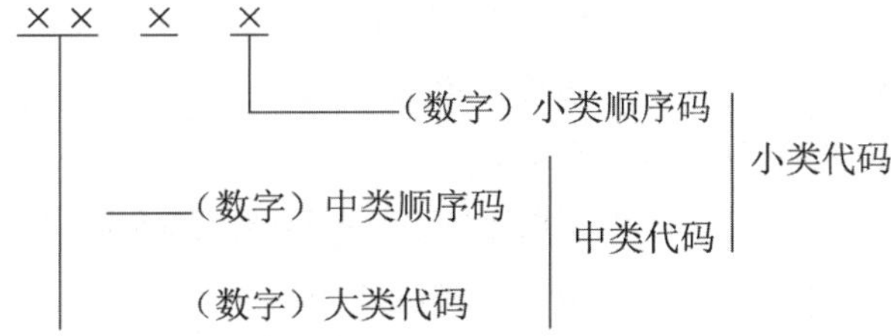

① R&D 投入强度是指 R&D 经费支出与企业主营业务收入之比。R&D（即研究与试验发展）是指为增加知识存量（也包括有关人类、文化和社会的知识）以及设计已有知识的新应用而进行的创造性、系统性工作。

五、高技术产业（制造业）分类表

代码			名称	行业分类代码
大类	中类	小类		
01			**医药制造业**	27
	011		化学药品制造	
		0111	化学药品原料药制造	2710
		0112	化学药品制剂制造	2720
	012	0120	中药饮片加工	2730
	013	0130	中成药生产	2740
	014	0140	兽用药品制造	2750
	015		生物药品制品制造	276
		0151	生物药品制造	2761
		0152	基因工程药物和疫苗制造	2762
	016	0160	卫生材料及医药用品制造	2770
	017	0170	药用辅料及包装材料	2780
02			**航空、航天器及设备制造业**	
	021	0210	飞机制造	3741
	022	0220	航天器及运载火箭制造	3742
	023		航空、航天相关设备制造	
		0231	航天相关设备制造	3743
		0232	航空相关设备制造	3744
	024	0240	其他航空航天器制造	3749
	025	0250	航空航天器修理	4343
03			**电子及通信设备制造业**	
	031		电子工业专用设备制造	
		0311	半导体器件专用设备制造	3562
		0312	电子元器件与机电组件设备制造	3563
		0313	其他电子专用设备制造	3569
	032		光纤、光缆及锂离子电池制造	
		0321	光纤制造	3832
		0322	光缆制造	3833
		0323	锂离子电池制造	3841
	033		通信设备、雷达及配套设备制造	
		0331	通信系统设备制造	3921
		0332	通信终端设备制造	3922
		0333	雷达及配套设备制造	3940
	034		广播电视设备制造	393
		0341	广播电视节目制作及发射设备制造	3931
		0342	广播电视接收设备制造	3932
		0343	广播电视专用配件制造	3933
		0344	专业音响设备制造	3934

续表

代码			名称	行业分类代码
大类	中类	小类		
		0345	应用电视设备及其他广播电视设备制造	3939
	035		非专业视听设备制造	395
		0351	电视机制造	3951
		0352	音响设备制造	3952
		0353	影视录放设备制造	3953
	036		电子器件制造	397
		0361	电子真空器件制造	3971
		0362	半导体分立器件制造	3972
		0363	集成电路制造	3973
		0364	显示器件制造	3974
		0365	半导体照明器件制造	3975
		0366	光电子器件制造	3976
		0367	其他电子器件制造	3979
	037		电子元件及电子专用材料制造	398
		0371	电阻电容电感元件制造	3981
		0372	电子电路制造	3982
		0373	敏感元件及传感器制造	3983
		0374	电声器件及零件制造	3984
		0375	电子专用材料制造	3985
		0376	其他电子元件制造	3989
	038		智能消费设备制造	
		0381	可穿戴智能设备制造	3961
		0382	智能车载设备制造	3962
		0383	智能无人飞行器制造	3963
		0384	其他智能消费设备制造	3969
	039	0390	其他电子设备制造	3990
04			**计算机及办公设备制造业**	
	041	0410	计算机整机制造	3911
	042	0420	计算机零部件制造	3912
	043	0430	计算机外围设备制造	3913
	044	0440	工业控制计算机及系统制造	3914
	045	0450	信息安全设备制造	3915
	046	0460	其他计算机制造	3919
	047		办公设备制造	
		0471	复印和胶印设备制造	3474
		0472	计算器及货币专用设备制造	3475
05			**医疗仪器设备及仪器仪表制造业**	
	051		医疗仪器设备及器械制造	

续表

代码			名称	行业分类代码
大类	中类	小类		
		0511	医疗诊断、监护及治疗设备制造	3581
		0512	口腔科用设备及器具制造	3582
		0513	医疗实验室及医用消毒设备和器具制造	3583
		0514	医疗、外科及兽医用器械制造	3584
		0515	机械治疗及病房护理设备制造	3585
		0516	康复辅具制造	3586
		0517	其他医疗设备及器械制造	3589
	052		通用仪器仪表制造	
		0521	工业自动控制系统装置制造	4011
		0522	电工仪器仪表制造	4012
		0523	绘图、计算及测量仪器制造	4013
		0524	实验分析仪器制造	4014
		0525	试验机制造	4015
		0526	供应用仪器仪表制造	4016
		0527	其他通用仪器制造	4019
	053		专用仪器仪表制造	
		0531	环境监测专用仪器仪表制造	4021
		0532	运输设备及生产用计数仪表制造	4022
		0533	导航、测绘、气象及海洋专用仪器制造	4023
		0534	农林牧渔专用仪器仪表制造	4024
		0535	地质勘探和地震专用仪器制造	4025
		0536	教学专用仪器制造	4026
		0537	核子及核辐射测量仪器制造	4027
		0538	电子测量仪器制造	4028
		0539	其他专用仪器制造	4029
	054	0540	光学仪器制造	4040
	055	0550	其他仪器仪表制造业	4090
06			**信息化学品制造业**	
	061		信息化学品制造	
		0611	文化用信息化学品制造	2664
		0612	医学生产用信息化学品制造	2665

附录 2

《高技术产业（制造业）分类》新旧对照表

2017 年新标准				行业分类代码（2017）	2013 年旧标准	行业分类代码（2013）	简要说明
大类	中类	小类	名称		名称		
1			**医药制造业**	27	**一、医药制造业**	27	
	11		化学药品制造		（一）化学药品制造		
		111	化学药品原料药制造	2710	化学药品原料药制造	2710	
		112	化学药品制剂制造	2720	化学药品制剂制造	2720	
	12	120	中药饮片加工	2730	（二）中药饮片加工	2730	
	13	130	中成药生产	2740	（三）中成药生产	2740	
	14	140	兽用药品制造	2750	（四）兽用药品制造	2750	
	15		生物药品制品制造	276	（五）生物药品制造	2760	更名
		151	生物药品制造	2761	（五）生物药品制造	2760	新增，将原 2760 分解
		152	基因工程药物和疫苗制造	2762	（五）生物药品制造	2760	新增，将原 2760 分解
	16	160	卫生材料及医药用品制造	2770	（六）卫生材料及医药用品制造	2770	部分内容调出，新增为 2780
	17	170	药用辅料及包装材料	2780	（六）卫生材料及医药用品制造	2770	新增，原 2770 部分内容调至此类
2			**航空、航天器及设备制造业**		**二、航空、航天器及设备制造业**		
	21	210	飞机制造	3741	（一）飞机制造	3741	
	22	220	航天器及运载火箭制造	3742	（二）航天器制造	3742	更名
	23		航空、航天相关设备制造		（三）航空、航天相关设备制造	3743	
		231	航天相关设备制造	3743	（三）航空、航天相关设备制造	3743	新增，将原 3743 分解
		232	航空相关设备制造	3744	（三）航空、航天相关设备制造	3743	新增，将原 3743 分解
	24	240	其他航空航天器制造	3749	（四）其他航空航天器制造	3749	
	25	250	航空航天器修理	4343	（五）航空航天器修理	4343	
3			**电子及通信设备制造业**		**三、电子及通信设备制造业**		
	31		电子工业专用设备制造		（一）电子工业专用设备制造		

续表

2017年新标准				行业分类代码（2017）	2013年旧标准	行业分类代码（2013）	简要说明
大类	中类	小类	名称		名称		
		311	半导体器件专用设备制造	3562	（一）电子工业专用设备制造	3562	新增，将原 3562 分解
		312	电子元器件与机电组件设备制造	3563	（一）电子工业专用设备制造	3562	新增，将原 3562 分解
		313	其他电子专用设备制造	3569	（一）电子工业专用设备制造	3562	新增，将原 3562 分解
	32		光纤、光缆及锂离子电池制造		（二）光纤、光缆制造	3832	新增，将原中类二、三合并
		321	光纤制造	3832	（三）锂离子电池制造	3841	
		322	光缆制造	3833	（二）光纤、光缆制造	3832	新增，将原 3832 分解
		323	锂离子电池制造	3841	（二）光纤、光缆制造	3832	新增，将原 3832 分解
	33		通信设备、雷达及配套设备制造		（三）锂离子电池制造	3841	
		331	通信系统设备制造	3921	（四）通信设备制造	392	新增，将原中类四、六合并
		332	通信终端设备制造	3922	（六）雷达及配套设备制造	3940	
		333	雷达及配套设备制造	3940	通信系统设备制造	3921	
	34		广播电视设备制造	393	通信终端设备制造	3922	
		341	广播电视节目制作及发射设备制造	3931	（六）雷达及配套设备制造	3940	
		342	广播电视接收设备制造	3932	（五）广播电视设备制造	393	
		343	广播电视专用配件制造	3933	广播电视节目制作及发射设备制造	3931	
		344	专业音响设备制造	3934	广播电视接收设备及器材制造	3932	新增，将原 3932 分解
		345	应用电视设备及其他广播电视设备制造	3939	广播电视接收设备及器材制造	3932	新增，将原 3932 分解
	35		非专业视听设备制造	395	广播电视接收设备及器材制造	3932	新增，将原 3932 分解
		351	电视机制造	3951	应用电视设备及其他广播电视设备制造	3939	
		352	音响设备制造	3952	（七）视听设备制造	395	
		353	影视录放设备制造	3953	电视机制造	3951	
	36		电子器件制造	397	音响设备制造	3952	
		361	电子真空器件制造	3971	影视录放设备制造	3953	
		362	半导体分立器件制造	3972	（八）电子器件制造	396	
		363	集成电路制造	3973	电子真空器件制造	3961	
		364	显示器件制造	3974	半导体分立器件制造	3962	
		365	半导体照明器件制造	3975	集成电路制造	3963	

续表

2017年新标准				行业分类代码（2017）	2013年旧标准	行业分类代码（2013）	简要说明
大类	中类	小类	名称		名称		
		366	光电子器件制造	3976	光电子器件及其他电子器件制造	3969	新增，将原3969分解
		367	其他电子器件制造	3979	光电子器件及其他电子器件制造	3969	新增，将原3969分解
	37		电子元件及电子专用材料制造	398	光电子器件及其他电子器件制造	3969	新增，将原3969分解
		371	电阻电容电感元件制造	3981	光电子器件及其他电子器件制造	3969	新增，将原3969分解
		373	敏感元件及传感器制造	3983	（九）电子元件制造	397	更名
		374	电声器件及零件制造	3984	电子元件及组件制造	3971	新增，将原3971分解
		375	电子专用材料制造	3985	电子元件及组件制造	3971	新增，将原3971分解
		376	其他电子元件制造	3989	电子元件及组件制造	3971	新增，将原3971分解
		372	电子电路制造	3982	电子元件及组件制造	3971	新增，将原3971分解
	38		智能消费设备制造		电子元件及组件制造	3971	新增，将原3971分解
		381	可穿戴智能设备制造	3961	印制电路版制造	3972	更名
		382	智能车载设备制造	3962	（十）其他电子设备制造	3990	新增，原3990部分内容调至此中类
		383	智能无人飞行器制造	3963	（十）其他电子设备制造	3990	新增，原3990部分内容调至此类
		384	其他智能消费设备制造	3969	（十）其他电子设备制造	3990	新增，原3990部分内容调至此类
	39	390	其他电子设备制造	3990	（十）其他电子设备制造	3990	新增，原3990部分内容调至此类
4			**计算机及办公设备制造业**		（十）其他电子设备制造	3990	新增，原3990、3859部分内容调至此类
	41	410	计算机整机制造	3911	（十）其他电子设备制造	3990	内容变更，部分内容新增为3961、3962、3963
	42	420	计算机零部件制造	3912	**四、计算机及办公设备制造业**		
	43	430	计算机外围设备制造	3913	（一）计算机整机制造	3911	
	44	440	工业控制计算机及系统制造	3914	（二）计算机零部件制造	3912	
	45	450	信息安全设备制造	3915	（三）计算机外围设备制造	3913	新增，原3919部分内容调至此类
	46	460	其他计算机制造	3919	（四）其他计算机制造	3919	新增，原3919部分内容调至此类
	47		办公设备制造		（四）其他计算机制造	3919	内容变更，部分内容新增为3914和3915
		471	复印和胶印设备制造	3474	（四）其他计算机制造	3919	
		472	计算器及货币专用设备制造	3475	（五）办公设备制造		
5			**医疗仪器设备及仪器仪表制造业**		复印和胶印设备制造	3474	
	51		医疗仪器设备及器械制造		计算器及货币专用设备制造	3475	

续表

2017 年新标准				行业分类代码（2017）	2013 年旧标准	行业分类代码（2013）	简要说明
大类	中类	小类	名称		名称		
		511	医疗诊断、监护及治疗设备制造	3581	**五、医疗仪器设备及仪器仪表制造业**		
		512	口腔科用设备及器具制造	3582	（一）医疗仪器设备及器械制造		
		513	医疗实验室及医用消毒设备和器具制造	3583	医疗诊断、监护及治疗设备制造	3581	
		514	医疗、外科及兽医用器械制造	3584	口腔科用设备及器具制造	3582	
		515	机械治疗及病房护理设备制造	3585	医疗实验室及医用消毒设备和器具制造	3583	
		516	康复辅具制造	3586	医疗、外科及兽医用器械制造	3584	
		517	其他医疗设备及器械制造	3589	机械治疗及病房护理设备制造	3585	
	52		通用仪器仪表制造		假肢、人工器官及植（介）入器械制造	3586	更名，原 3586 被分解，部分内容调出
		521	工业自动控制系统装置制造	4011	其他医疗设备及器械制造	3589	内容变更，原 3586 调出内容增加至此类
		522	电工仪器仪表制造	4012	（二）仪器仪表制造		新增，原中类部分内容调至此中类
		523	绘图、计算及测量仪器制造	4013	工业自动控制系统装置制造	4011	
		524	实验分析仪器制造	4014	电工仪器仪表制造	4012	
		525	试验机制造	4015	绘图、计算及测量仪器制造	4013	
		526	供应用仪器仪表制造	4016	实验分析仪器制造	4014	
		527	其他通用仪器制造	4019	试验机制造	4015	
	53		专用仪器仪表制造	4021	供应用仪表及其他通用仪器制造	4019	新增，将原 4019 分解
		531	环境监测专用仪器仪表制造	4022	供应用仪表及其他通用仪器制造	4019	新增，将原 4019 分解
		532	运输设备及生产用计数仪表制造	4023	（二）仪器仪表制造		新增，原中类部分内容调至此中类
		533	导航、测绘、气象及海洋专用仪器制造	4024	环境监测专用仪器仪表制造	4021	
		534	农林牧渔专用仪器仪表制造	4025	运输设备及生产用计数仪表制造	4022	
		535	地质勘探和地震专用仪器制造	4026	导航、气象及海洋专用仪器制造	4023	更名
		536	教学专用仪器制造	4027	农林牧渔专用仪器仪表制造	4024	
		537	核子及核辐射测量仪器制造	4028	地质勘探和地震专用仪器制造	4025	
		538	电子测量仪器制造	4029	教学专用仪器制造	4026	
		539	其他专用仪器制造	4040	核子及核辐射测量仪器制造	4027	
	54	540	光学仪器制造	4090	电子测量仪器制造	4028	

续表

2017年新标准				行业分类代码（2017）	2013年旧标准	行业分类代码（2013）	简要说明
大类	中类	小类	名称		名称		
	55	550	其他仪器仪表制造业		其他专用仪器制造	4029	
6			**信息化学品制造业**		光学仪器制造	4041	新增中类
	61		信息化学品制造		其他仪器仪表制造业	4090	新增中类
		611	文化用信息化学品制造	2664	**六、信息化学品制造业**		
		612	医学生产用信息化学品制造	2665	（一）信息化学品制造	2664	
					（一）信息化学品制造	2664	新增，将原2664分解
					（一）信息化学品制造	2664	新增，将原2664分解

附录 3

主要指标解释

R&D（研究与试验发展） 指为增加知识存量（也包括有关人类、文化和社会的知识）以及设计已有知识的新应用而进行的创造性、系统性工作，包括基础研究、应用研究和试验发展三种类型。基础研究和应用研究统称为科学研究。R&D 活动应当满足五个条件：新颖性、创造性、不确定性、系统性、可转移性（可复制性）。

R&D 人员 指报告期 R&D 活动单位中从事基础研究、应用研究和试验发展活动的人员。包括直接参加上述三类 R&D 活动的人员，以及与上述三类 R&D 活动相关的管理人员和直接服务人员，即直接为 R&D 活动提供资料文献、材料供应、设备维护等服务的人员。不包括为 R&D 活动提供间接服务的人员，如餐饮服务、安保人员等。

R&D 人员折合全时当量 指报告期 R&D 人员按实际从事 R&D 活动时间计算的工作量，以“人年”为计量单位。全时人员的全时当量计为 1 人年；非全时人员全时当量按工作时间比例计为 0.1–0.9 人年；从事 R&D 活动的实际工作时间占制度工作时间不足 10%的人员，不计入 R&D 人员，也不计算全时当量。例如，一名 R&D 人员一年中 70%的工作时间用于 R&D 活动，30%的工作时间用于其他工作，则其折合全时当量为 0.7 人年。

R&D 经费内部支出 指报告期调查单位内部为实施 R&D 活动而实际发生的全部经费，按支出性质分为日常性支出和资产性支出。不包括调查单位委托其他单位或与其他单位合作开展 R&D 活动而转拨给其他单位的全部经费。

R&D 经费支出中政府资金 指 R&D 经费内部支出中来自各级政府部门的各类资金，包括财政科学技术拨款、科学基金、教育等部门事业费以及政府部门预算外资金的实际支出。

R&D 经费支出中企业资金 指 R&D 经费内部支出中来自本企业的自有资金和接受其他企业委托而获得的经费，以及科研院所、高校等事业单位从企业获得的资金的实际支出。

新产品销售收入 指报告期企业销售新产品实现的销售收入。新产品是指采用新技术原理、新设计构思研制、生产的全新产品，或在结构、材质、工艺等某一方面比原有产品有明显改进，从而显著提高了产品性能或扩大了使用功能的产品。既包括经政府有关部门认定并在有效期内的新产品，也包括企业自行研制开发，未经政府有关部门认定，从投产之日起一年之内的新产品。

技术改造经费支出 指报告期内企业进行技术改造而发生的费用支出。技术改造指企业在坚持科技进步的前提下，将科技成果应用于生产的各个领域（产品、设备、工艺等），用先进工艺、设备代替落后工艺、设备，实现以内涵为主的扩大再生产，从而提高产品质量、促进产品更新换代、节约能源、降低消耗，全面提高综合经济效益。

购买境内技术经费支出 指报告期内企业购买境内其他单位科技成果的经费支出。包括购买产品设计、工艺流程、图纸、配方、专利、技术诀窍及设备的费用支出。

引进境外技术经费支出 指报告期内企业用于购买国外或港澳台技术的费用支出，包括产品设计、工艺流程、图纸、配方、专利等技术资料的费用支出，以及购买设备、仪器、样机和样件等的费用支出。

引进境外技术的消化吸收经费支出 指报告期内企业引进国外或港澳台技术的消化吸收经费支出。引进技术的消化吸收指对引进技术的掌握、应用、复制而开展的工作，以及在此基础上的创新。引进技术的消化吸收经费支出包括：人员培训费、测绘费、参加消化吸收人员的工资、工装、工艺开发费、必备的配套设备费、翻版费等。